Guide pratique
de conversation

ANGLA[...]

D0117624

Collection dirigée par
Guillaume de la Rocque

Pierre Ravier   Werner Reuther

Guide pratique
de conversation
pour tous ceux qui voyagent

Traduction de
Sasha Mann

ANGLAIS/AMÉRICAIN

Le Livre de Poche

Sommaire

Comment utiliser ce guide

Ce guide de conversation est destiné à toutes les personnes désirant se rendre en **GRANDE-BRETAGNE** ou aux **ÉTATS-UNIS** et qui ne maîtrisent pas la langue anglaise.

Il a été conçu de façon à faciliter les relations essentielles de la vie quotidienne. Plusieurs milliers de mots, de phrases et de formes syntaxiques permettront au lecteur de s'exprimer dans la plupart des cas susceptibles de se présenter à lui au cours de son voyage.

L'ouvrage comprend six parties

Un bref rappel géographique et historique.

Un abrégé de grammaire précisant quelques règles de la langue anglaise.

Un code de prononciation facilement utilisable et sans lequel le lecteur de ce guide risquerait de ne pas toujours être compris par ses interlocuteurs.

Un guide pratique d'utilisation de la langue constitué de cinquante et un chapitres.

Nous avons délibérément choisi l'ordre alphabétique, le classement le plus simple, car il permet de trouver immédiatement une réponse à une situation donnée.

Un lexique de plus de deux mille mots.

Un index facilitant la recherche des rubriques.

Exemple d'utilisation du manuel

Le lecteur désire acheter un costume :
1. Il pourra trouver le mot dans le *lexique*.
2. Il pourra consulter le *chapitre* « Habillement » situé

dans l'ordre alphabétique à la lettre « H ». Si le mot « habillement » ne lui vient pas immédiatement à l'esprit, le lecteur trouvera également le renvoi à cette rubrique dans l'*index*, aux mots « vêtements » et « prêt-à-porter ».

La consultation de la rubrique « Habillement » présente l'avantage, par rapport au lexique, de faciliter la formulation de la demande par l'emploi de phrases et de mots complémentaires figurant en ordre alphabétique aux paragraphes « L'indispensable », « En situation », et dans le vocabulaire de l'« Habillement ». Le lecteur sera ainsi immédiatement en mesure de nommer le « pantalon », la « veste », le « tissu », la « couleur »... et de formuler ses observations et ses demandes : « Je voudrais un costume coupé suivant ce modèle » ; « Auriez-vous le même modèle dans une autre couleur ? » ; « Pourriez-vous me montrer autre chose ? » ; « Puis-je essayer ? » ; « Cela me convient » ; « Acceptez-vous les chèques de voyage ? », etc.

Certains chapitres ont été particulièrement développés dans le but d'apporter une aide maximale au voyageur dans les domaines importants que sont la santé, la voiture et... les loisirs.

Bref rappel géographique et historique

GRANDE-BRETAGNE

Superficie : 245 000 km² Ulster inclus.

Population : 56 000 000 d'habitants.

Capitale : Londres, capitale du Royaume-Uni (8 000 000 d'habitants).

Deuxième ville : Birmingham (2 500 000 habitants).

Aspect physique

Le Royaume-Uni de Grande-Bretagne comprend la Grande-Bretagne (Angleterre, pays de Galles, Écosse), quelques îles littorales (Wight, Anglesey, Scilly, Hébrides, Orcades, Shetland, etc.), et l'Ulster, partie nord-est de l'Irlande.

La Grande-Bretagne, située au nord-ouest de l'Europe, est bordée au sud par la Manche, à l'est par la mer du Nord, au nord-ouest et au sud-ouest par l'Atlantique, à l'ouest par la mer d'Irlande.

Le relief est accidenté au nord et à l'ouest : montagnes d'Écosse ou Highlands (Ben Nevis, 1 343 m), monts Grampians, monts Cheviots, chaîne Pennine, monts Cambriens (Snowdon, 1 095 m) et monts de Cornouailles.

Les seules plaines importantes sont la plaine d'Écosse, étroit sillon au milieu des Highlands et le Bassin de Londres, vaste plaine fertile au sud du pays. Au nord et à l'ouest, le sol est constitué de terrains anciens peu favorables à l'agriculture, mais riches en minerais.

Les côtes sont peu découpées le long de la plaine du sud-est, mis à part l'estuaire de la Tamise. Ailleurs golfes et baies entaillent le littoral (falaises rocheuses d'Écosse et du sud-ouest).

Principaux fleuves :
— La *Clyde*, fleuve d'Écosse qui arrose Glasgow et se jette dans la mer d'Irlande.
— La *Tyne* (Newcastle) qui se jette dans la mer du Nord.
— La *Mersey*, qui rejoint la mer d'Irlande par un large estuaire sur les rives duquel se trouve Liverpool.
— La *Severn*, qui débouche dans le canal de Bristol (Cardiff).
— La *Tamise*, rivière de plaine qui passe par Oxford, traverse Londres et se jette dans la mer du Nord.

Climat

Entourée de mers, la Grande-Bretagne a un climat tempéré océanique : temps brumeux, températures modérées, étés frais, hivers doux.

La Grande-Bretagne comprend trois régions principales : l'Écosse (élevage du mouton dans les Highlands, pêche et culture sur la côte orientale [Aberdeen], mines et industrie dans les Lowlands [Glasgow]) ; les régions du nord et du centre très peuplées (mines, industrie métallurgique et cotonnière [Newcastle, Liverpool, Manchester]) ; la région du sud comprenant le bassin de Londres (principalement agricole) et le pays de Galles où l'agriculture cède la place aux activités industrielles nées de l'exploitation de la houille.

Quelques données économiques

Pour le produit national brut (P.N.B.), la Grande-Bretagne se situe au sixième rang mondial ; le P.N.B. par habitant se situe au trente-cinquième.

L'agriculture occupe 2,5 p. 100 de la population active : très performante (important cheptel ovin), elle contribue pour 2,5 p. 100 au produit national brut.

Les secteurs industriel et minier occupent 33 p. 100 de la population active. Le Royaume-Uni est la sixième puissance minière mondiale. La richesse de son sous-sol (pétrole, charbon, gaz) lui assure son indépendance énergétique.

Le secteur tertiaire est très important. Il occupe 65 p. 100 de la population active.

Repères historiques

Av. J.-C.

    2 000 Population : les Ibères.

  700 à 200 Invasion celte (Welsh, Bretons, Gaëls, Scots...).

      54 Après des reconnaissances préliminaires, César débarque sur la côte anglaise. Il est rappelé en Gaule avant d'avoir conquis le pays.

Apr. J.-C.

      44 La conquête est reprise par les légions de l'empereur Claude. Débarquement à hauteur de Riehborough actuel.

V^e au IXe s. Invasion des Angles et des Saxons, puis des Danois. Refoulement des Celtes vers le pays de Galles, les Cornouailles, l'Irlande et l'actuelle Bretagne française.
Conversion au christianisme par le moine Augustin envoyé par Grégoire le Grand.

IXe au XIe s. Un Saxon de l'Ouest, le roi Alfred, « le plus grand Anglais avant l'invasion normande », s'impose et reprend Londres en 886.
Affaiblissement de la dynastie danoise : Svend décide d'envahir le pays, et son fils Canut est désigné comme roi.

  1042 Reprise du pouvoir par les Saxons sous l'égide d'Édouard le Confesseur.

  1066 Guillaume le Conquérant et ses chevaliers normands traversent la Manche. Bataille d'Hastings (14 oct.) : l'Angleterre est livrée à la domination de Guillaume de Normandie.

1066 à 1199 Six rois se succèdent sur le trône d'Angleterre.

1215 Jean sans Terre doit accepter la « Grande Charte » imposée par les Barons révoltés.
Naissance des institutions parlementaires anglaises.

1258 Simon de Montfort et les Barons imposent à Henri III d'Angleterre des réformes connues sous le nom de « Provisions d'Oxford ».

1265 Premier Parlement anglais qui a un caractère national.

1337-1453 Prolongement de la rivalité entre Capétiens et Plantagenêts. Guerre de Cent Ans.

1454-1485 Guerre civile entre la maison de Lancaster et la maison de York appelée « Guerre des Deux Roses ».
Arrivée au trône de la dynastie des Tudor (Henri VII).

1509-1603 Henri VIII et Elisabeth Ire organisent et imposent l'Église anglicane.
1587 : exécution de Marie Stuart la catholique.
1588 : défaite de l'Invincible Armada espagnole de Philippe II par la flotte anglaise.
1602 : première Charte de la Compagnie anglaise des Indes.

1649 Exécution de Charles Ier, à la suite de la guerre civile opposant le Parlement et le Roi.

1653-1658 Olivier Cromwell : dictature du Puritanisme. Expérience de la République.

1666 Grand incendie de Londres.

1679 Vote par le Parlement de l'*Habeas corpus*, en protestation contre les arrestations arbitraires.

1763 Fin de la guerre de Sept Ans. Traité de Paris. Acquisition du Canada par l'Angleterre.

1775-1783 Guerre d'Indépendance. Sécession des colonies américaines. Le traité de Versailles (1783) consacre l'indépendance des États-Unis.

1793-1815 L'Angleterre s'oppose à l'expansion de la France. Victoire de Waterloo contre les armées napoléoniennes.

1815-1914 L'Angleterre affirme son impérialisme, consolide ses institutions parlementaires sous les règnes de Victoria, d'Édouard VII et de George V.
Essor du syndicalisme (trade-unions). 1906 : fondation du parti Travailliste. L'avènement d'Edouard VII favorise une politique de rapprochement avec la France (Entente cordiale).

1914-1918 Première Guerre mondiale. L'Angleterre et son Empire luttent aux côtés de la France, de l'Italie, de la Belgique, puis des États-Unis, contre l'Allemagne et ses alliés.

1921 Formation de l'État libre d'Irlande.

1929 Crise économique mondiale. Progression du parti Travailliste.

1931 L'Empire colonial devient le Commonwealth.

1939-1945 Deuxième Guerre mondiale. Après juin 1940, la Grande-Bretagne résiste seule aux forces du Reich (Bataille d'Angleterre). Juin 1941 : invasion de l'Union soviétique par les troupes allemandes. 1942 : entrée en guerre des États-Unis.

1945-1974 Indépendance progressive des pays du Commonwealth. Début des affrontements entre catholiques et protestants en Ulster.

1973 Adhésion de l'Angleterre à la Communauté économique européenne.

1976 Découverte du pétrole en mer du Nord.

1982 Guerre des Malouines.

Le Royaume-Uni est une monarchie constitutionnelle, démocratie pluraliste à régime parlementaire. Le monarque n'a qu'une autorité symbolique.

ÉTATS-UNIS

Superficie : 9 265 000 km².
Population : 236 000 000 d'habitants.
Capitale : Washington (2 900 000 habitants).
Première ville : New York (7 900 000 habitants).
Deuxième ville : Chicago (3 600 000 habitants).

Aspect physique

Les États-Unis ont une superficie occupant à peu près la moitié du continent nord-américain. Ils sont limités au nord par le Canada, à l'est par l'océan Atlantique, au sud par le golfe du Mexique et le Mexique et à l'ouest par l'océan Pacifique.

Deux chaînes montagneuses encadrent une grande plaine centrale.

A l'ouest : les montagnes Rocheuses — avec des sommets supérieurs à 4 000 m — occupent un tiers de la superficie des États-Unis ; elles sont bordées à l'ouest par la sierra Nevada et la chaîne des Cascades. Soudée à la chaîne des Cascades, la Coast Range borde le Pacifique ; elle est limitée au sud par la grande dépression du Sacramento et du San Joachim.

A l'est : les monts Appalaches, système montagneux moins important que les Rocheuses, culminent à 2 037 m au mont Mitchell.

Au centre : une grande plaine traversée du nord au sud par le Mississippi (3 780 km) depuis la région des Grands Lacs jusqu'au golfe du Mexique. Il draine les eaux du bassin intérieur par ses affluents : le Missouri (3 726 km), l'Ohio, l'Arkansas et la Red River. A l'ouest, puis au sud de ce bassin, coule le rio Grande del Norte qui se jette également dans le golfe du Mexique et sert partiellement de frontières avec le Mexique.

Climat

A latitude égale, le climat des États-Unis ne correspond pas à celui de l'Europe. Les reliefs, orientés nord-sud, réduisent les influences maritimes propagées par les vents d'ouest et donnent au climat, dans l'ensemble, un caractère continental. La plaine centrale est sous l'influence des vents des terres glacées du Canada et du climat semi-tropical du golfe du Mexique. A l'est, l'influence atlantique se traduit par des pluies qui diminuent vers l'intérieur ; au nord-est la proximité du courant du Labrador accentue la rigueur des hivers. La côte du Pacifique est exposée aux vents marins et jouit d'un climat rude qui devient sec et désertique vers le sud.

Climat et relief permettent de distinguer trois grands ensembles :

— *Les montagnes Rocheuses,* constituées de plateaux

arides et de pentes boisées (séquoias dans le nord-ouest) avec des cimes neigeuses et des alpages, se transforment, au sud, sous un climat aride, en déserts et oasis (le Grand Bassin, le Colorado) où l'on trouve une agriculture par irrigation sur des surfaces limitées. Villes importantes du nord au sud : Seattle, San Francisco, Las Vegas, Los Angeles.

— *La plaine centrale* qui présente aux pieds des Rocheuses une large bande de plateaux secs ; au nord une forme de climat continental où les céréales ont remplacé la prairie primitive. Au sud, en dessous du 36e parallèle, une région chaude, domaine des cultures cotonnières qui se prolongent jusqu'à l'Atlantique. La bande côtière du golfe du Mexique, région basse, chaude et humide, présente un paysage de savanes et de forêts de pins. Région pétrolière (Dallas). On trouve, du nord au sud, les villes de Denver, Kansas City, Houston : raffineries de pétrole, industries chimiques, textiles et alimentaires.

— *Au nord-est sur la côte atlantique*, le climat et les paysages rappellent certaines parties de l'Europe occidentale (Nouvelle-Angleterre, Pennsylvanie, Virginie). *A l'intérieur*, la région des Grands Lacs (Indiana, Kentucky, Ohio, Illinois) est le siège de la grande industrie américaine. Dans ces deux régions vit la moitié de la population des États-Unis. On y trouve les plus grandes villes du pays (Chicago, New York, Pittsburgh, Detroit, Cincinnati, Washington, Philadelphie).

Quelques données économiques

Produit national brut (P.N.B.) : premier pays du monde.

P.N.B. par habitant : sixième pays du monde.

Deuxième puissance minière du monde, les États-Unis sont à la première place dans les secteurs agricole et industriel.

Repères historiques

A l'origine les Indiens, en majorité nomades, peuplent le continent nord-américain : Iroquois, Algonquins, Apaches.

1513-1524 Des explorateurs européens abordent le continent.

1541 Ponce de León, Giovanni da Verrazano et Hernando de Soto.

1607-1609 Fondation d'une colonie britannique à Jamestown. Henry Hudson remonte le fleuve qui portera son nom.

1614 La province de New York prend le nom de New Nederland.

1619 Avec les Hollandais débute la période d'exploitation des premiers esclaves africains.

1620 Arrivée du vaisseau « Mayflower ». Fondation de Plymouth par les puritains chassés d'Angleterre.

1664-1673 Luttes anglo-hollandaises. New York change plusieurs fois de main.

1669 La région du Mississippi colonisée par les Français prend le nom de Louisiane en l'honneur de Louis XIV.

1741 Révolte des esclaves.

1763 Traité de Paris. L'Angleterre s'impose au détriment de la France qui perd le Canada et l'est du Mississippi.

1775 Guerre d'Indépendance.

1776 Déclaration d'indépendance (4 juillet).

1781 Capitulation des Anglais à Yorktown. Washington aidé par les troupes françaises. Rochambeau fait prisonnier Lord Cornwallis.

1783 Reconnaissance de l'indépendance des États-Unis par la Grande-Bretagne.

1788 Constitution des États-Unis.

1789 George Washington, premier Président des États-Unis.

1823 Doctrine de Monroe : principe de non-intervention de l'Europe dans les droits à l'autodétermination des peuples.

1861-1865 Guerre de Sécession opposant le Sud au Nord partisan de l'abolition de l'esclavage.

1865 Victoire des Nordistes. Abolition de l'esclavage. Le pouvoir fédéral triomphe sur l'autonomie des États.

1898 L'Espagne cède aux États-Unis Porto Rico, Guam et les Philippines.

1914 Inauguration du canal de Panama.

1917-1918 Participation des troupes américaines à la Première Guerre mondiale, aux côtés de la France, de l'Angleterre, de l'Italie et de la Belgique.

1919 La prohibition. Interdiction de vendre ou d'acheter les boissons contenant plus de 1/2 p. 100 d'alcool.

1927 Charles Lindberg ouvre la liaison aérienne transatlantique.

1929 Crise économique.

1933 Franklin Roosevelt entreprend la réorganisation de l'économie (le *New Deal* : « Nouvelle Donne ») pour résoudre les problèmes du chômage et de la crise.
Fin de la prohibition.

1941 Attaque japonaise sur Pearl Harbour qui contraint les États-Unis à entrer en guerre.

1945 Victoire des Alliés. Conférence de Yalta. Partage du monde avec l'Union soviétique.

1947 Plan Marshall : aide économique et utilitaire aux pays alliés ou vaincus pour enrayer la poussée du communisme international.

1950-1953 Guerre de Corée.

1960 Soutien américain au Sud-Vietnam. Début de l'escalade militaire.

1963 Assassinat du Président Kennedy.

1969 21 juillet : Neil Armstrong est le premier homme à marcher sur la lune.

1973 Traité de Paris : cessez-le-feu au Vietnam.

1975 Abandon définitif du Vietnam.

Abrégé de grammaire

Ce mémento grammatical n'est pas exhaustif. Il se limite à un panorama général de la grammaire anglaise qui vous permettra d'élargir vos possibilités d'expression et de satisfaire votre curiosité sur le plan grammatical.

L'article

L'article défini

Il n'a qu'une forme : « the ».
The train = le train, the trains = les trains.
The girl = la fille, the girls = les filles.

L'article indéfini

Il a deux formes : a, an. « a » devant une consonne :
a book = un livre, a mouse = une souris.
« an » devant une voyelle ou un h muet :
an apple = une pomme, an hour = une heure.

L'article partitif

Il a deux formes : « some ».
I'd like some flowers = Je voudrais des fleurs ;
et « any » qui s'utilise dans les phrases négatives et parfois interrogatives :
I don't have any change = Je n'ai pas de monnaie.
Do you have any french books ? = Avez-vous des livres en français ?

Le genre et le nombre

Pour former le pluriel des noms, on ajoute en général au singulier un « s » ou « es » quand le nom se termine par deux s (et cette finale se prononce) :

> dog, dogs = chien, chiens.
> glass, glasses = verre, verres.

Si un nom se termine par « y » précédé d'une consonne, le pluriel se forme en remplaçant le « y » par « ies ». La règle ne change pas si le « y » est précédé d'une voyelle :

> Lorry = camion, lorries = camions.
> Donkey = âne, donkeys = ânes.

Attention, il existe des exceptions !
> *Exemples* : Child (enfant) = children (enfants) ;
> foot (pied) = feet (pieds) ; man (homme) = men
> (hommes) ; tooth (dent) = teeth (dents) ;
> woman (femme) = women (femmes) ; etc.

L'adjectif est généralement placé avant le nom et ne change pas de forme (pas de « s » au pluriel) :

> A pleasant trip = Un voyage agréable.
> A big fat cat = Un gros chat gras.

Les possessifs

Les adjectifs possessifs

Singulier	*Pluriel*
My = mon, ma	My = mes
Your = ton, ta	Your = tes
His, her, its (neutre) = son, sa	His, her, its (neutre) = ses
Our = notre	Our = nos
Your = votre	Your = vos
Their = leur	Their = leurs

Notez qu'aucune distinction n'est faite entre le singulier et le pluriel.

Les pronoms possessifs

Aucune distinction, comme pour les adjectifs possessifs, n'est faite entre le singulier et le pluriel :

> Le mien, la mienne, les miens, les miennes = mine.
> Le tien, la tienne, les tiens, les tiennes = yours.
> Le sien, les siens, la sienne, les siennes = his,
>   hers.

Le nôtre, la nôtre, les nôtres = ours.
Le vôtre, la vôtre, les vôtres = yours.
Le leur, la leur, les leurs = theirs.

These suitcases are mine = Ces valises sont à moi
(miennes).
This passport isn't yours = Ce passeport n'est pas à
toi (tien) ; à vous (le vôtre).
These documents are ours = ces documents sont les
nôtres.

Les démonstratifs

Ce, cet, cette se traduisent par « this », « that ». « This »
indique quelque chose de proche, « that » implique un éloignement :
This parcel is heavy = Ce paquet est lourd.
That man is my father = Cet homme-là est mon père.

Ceci, celui-ci, cela, celui-là se traduisent également par
« this » et « that » ou « this one » et « that one » :
I don't want this one = Je ne veux pas celui-ci.
I want that one = Je veux celui-là.
I want that = Je veux cela.

Le pluriel se forme par « these », « those », ce dernier
impliquant l'éloignement :
These oranges are sweet = Ces oranges sont
sucrées.
Those apples are sour = Ces pommes-là sont
amères.

Les comparatifs

More ... than = plus ... que :
This hotel is more expensive than the other = Cet
hôtel est plus cher que l'autre.
I've bought more souvenirs than you = J'ai acheté
plus de souvenirs que vous.

Less ... than = moins ... que :
   This book is less exciting than that one = Ce livre
      est moins passionnant que celui-là.
   I'm less hungry than he = J'ai moins faim que lui.

As ... as = aussi ... que :
   This road is as good as the other = Cette route est
      aussi bonne que l'autre.
   She's as intelligent as her brother = Elle est aussi
      intelligente que son frère.

As much ... as = autant de ... que. As many (nombreux)
... as = autant de ... que :
   We have as much luck as you = Nous avons autant
      de chance que vous.
   I have as many things to buy as you = J'ai autant de
      choses à acheter que vous.

Les superlatifs

   Les adjectifs superlatifs d'une ou de deux syllabes se
terminent en « -(e)r » pour former le comparatif et en
« -(e)st » pour former le superlatif :
   Tall, taller, the tallest = grand, plus grand, le plus
      grand.
   Happy, happier, the happiest = heureux, plus
      heureux, le plus heureux.

   Avec les adjectifs de plus de deux syllabes, on utilise
« more » pour le comparatif et « most » pour le superlatif :
   Beautiful, more beautiful, the most beautiful = beau,
      plus beau, le plus beau.
   Exciting, more exciting, the most exciting =
      passionnant, plus passionnant, le plus passionnant.

Attention, il existe des exceptions !

   Bad, worse, the worst = mauvais, pire, le pire.
   Good, better, the best = bon, meilleur, le meilleur.
   Little, less, the least = peu, moins, le moins.

Les adverbes

La plupart des adverbes sont formés de l'adjectif auquel on ajoute « -ly » :
Short, shortly = bref, brièvement.
Obvious, obviously = évident, évidemment.

Attention aux exceptions !
Loud = haut, hautement.
Fast = rapide, rapidement.

La négation

Pour exprimer la négation, on emploie « no » pour les noms et « not » pour les adjectifs :
I have no time = Je n'ai pas le temps.
He's not hungry = Il n'a pas faim.

Les verbes

Nous vous donnons ici les éléments nécessaires pour vous exprimer au présent (présent et présent continu), au passé et au futur, en utilisant les verbes réguliers et les verbes irréguliers les plus courants. Vous trouverez une liste des verbes irréguliers à la fin de ce chapitre.

Les pronoms sujets

1ᵉ pers. sing. = I (je)
2ᵉ pers. sing. = you (tu)
3ᵉ pers. sing. = he (il), she (elle), it (neutre)
1ᵉ pers. plur. = We (nous)
2ᵉ pers. plur. = you (vous)
3ᵉ pers. plur. = they (ils, elles)

En anglais, on n'utilise que le vouvoiement. Donc « you » signifie aussi bien « tu » et « vous ».

Les pronoms compléments

Singulier

Me = moi
You = toi
Him = lui
Her = elle
It = neutre
One = indéfini

Pluriel

Us = nous
You = vous

Them = eux

Les verbes auxiliaires

Les verbes auxiliaires sont « to be » (être), « to have » (avoir), « to do » (faire).

Présent

TO DO (faire)	TO BE (être)	TO HAVE (avoir)
I do	I am (I'm*)	I have (I've*)
you do	you are (you're*)	you have (you've*)
he, she does	he, she is	he, she has
it (neutre) does	(he's, she's*)	
	(neutre) it is (it's*)	(neutre) it has
we do	we are (we're*)	we have (we've*)
you do	you are (you're*)	you have (you've*)
they do	they are (they're*)	they have (they've*)

* En langage courant, on emploie presque toujours la forme contractée : « We are going shopping » devient donc « we're going shopping » (nous allons faire des courses).

Pour la forme négative des verbes auxiliaires on ajoute « not » en fin de conjugaison.

I am not (I'm not)
you are not (you're not)
he, she is not (he, she isn't), etc.

I have not (I haven't).
you have not (you haven't).
he, she has not (he, she hasn't), etc.

Pour former l'interrogatif, on inverse la position du verbe et du sujet :

am I ?	have I ?
are you ?	have you ?
is he, is she ?	has he, has she ?
etc.	etc.

Conjugaison

Le présent

Les verbes réguliers et irréguliers ont au présent la même forme qu'à l'infinitif, sauf à la troisième personne du singulier où on ajoute (e)s :

TO BUY (acheter)	TO LOVE (aimer)	TO DRESS (s'habiller)
I buy	I love	I dress
you buy	you love	you dress
he, she buys	he, she loves	he, she dresses
we buy	we love	we dress
you buy	you love	you dress
they buy	they love	they dress

La forme négative des verbes non auxiliaires se compose de l'auxiliaire « do » (« does » 3ᵉ pers.) + not + l'infinitif :

   I do not (I don't) like fish = Je n'aime pas le poisson.
   He does not (he doesn't) speak French = Il ne parle pas français.

La forme interrogative se compose de l'auxiliaire « do » (« does » 3ᵉ pers.) + le sujet + l'infinitif :

   Do you accept checks ? = Acceptez-vous les chèques ?
   Does she eat meat ? = Mange-t-elle de la viande ?

Le présent continu

Cette forme n'existe pas en français. Le présent continu est formé par le verbe « to be » + le participe présent du verbe utilisé. Ce participe présent se compose de l'infinitif + « -ing » :

How are you (to feel) feeling ? = Comment vous sentez-vous ?

En présence d'un « e » à la fin de l'infinitif, celui-ci est supprimé :

What is she (to make) making ? = Que fait-elle ?

« To be » étant un verbe auxiliaire, la forme négative se construit en intercalant la négation entre l'auxiliaire et le participe présent :

I'm not sleeping = Je ne dors pas.
It's not raining = Il ne pleut pas.

Le passé

TO DO (faire)	TO BE (être)	TO HAVE (avoir)
I did	I was	I had
you did	you were	you had
he, she, it (neutre) did	he, she, it (neutre) was	he, she, it (neutre) had
we did	we were	we had
you did	you were	you had
they did	they were	they had

Le passé simple des verbes réguliers se forme en ajoutant « -ed » à l'infinitif :

TO LOVE (aimer)	TO TALK (parler)
I loved	I talked
you loved	you talked
he, she loved	he, she talked
we loved	we talked
you loved	you talked
they loved	they talked

Le futur

Il n'y a pas de véritable futur en anglais, on le remplace par divers auxiliaires et surtout par les verbes vouloir

(« will ») et devoir (« shall »). L'idée du futur implique presque toujours une idée de devoir et de vouloir :

TO DO	TO BE	TO HAVE
(faire)	(être)	(avoir)
I shall (will) do (I'll do)*	I shall (will) be (I'll be)*	I shall (will) have (I'll have)*
you will do (you'll do)*	you will be (you'll be)*	you will have (you'll have)*
he, she, it will do (he'll, she'll, it'll do)*	etc.	etc.
we shall (will) do (we'll do)*		
you will do (you'll do)*		
they will do (they'll do)		

* = forme contractée

Vous noterez qu'il n'y a pas de changements en conju-
guant le verbe au futur. Ceci est valable pour tous les
verbes : le sujet + will (ou « shall ») + l'infinitif :

I shall be going to Spain this year = Cette année,
j'irai en Espagne.
He'll leave on Monday = Il partira lundi.
They'll take the bus = Ils prendront le bus.

L'impératif

Aussi bien au singulier qu'au pluriel, l'impératif se construit avec l'infinitif :

Shut the window = Fermez la fenêtre !

La forme négative se compose de « don't » (do not) +
l'infinitif :

Don't shout ! = ne criez pas !

Les verbes irréguliers les plus courants :

	Infinitif	Passé	Participe passé
Acheter	(to) Buy	bought	bought
Aller	(to) Go	went	gone
Asseoir (s')	(to) Sit	sat	sat
Avoir	(to) Have	had	had
Boire	(to) Drink	drank	drunk
Casser	(to) Break	broke	broken
Choisir	(to) Choose	chose	chosen
Comprendre	(to) Understand	understood	understood
Conduire	(to) Drive	drove	driven
Dire	(to) Say	said	said
Donner	(to) Give	gave	given
Dormir	(to) Sleep	slept	slept
Écrire	(to) Write	wrote	written
Entendre	(to) Hear	heard	heard
Être	(to) Be	was/were	been
Fabriquer	(to) Make	made	made
Faire	(to) Do	did	done
Lire	(to) Read*	read**	read**
(la prononciation change : *rïd **rèd)			
Manger	(to) Eat	ate	eaten
Parler	(to) Speak	spoke	spoken
Partir	(to) Leave	left	left
Payer	(to) Pay	paid	paid
Penser	(to) Think	thought	thought
Perdre	(to) Lose	lost	lost
Prendre	(to) Take	took	taken
Porter (un vêtement)	(to) Wear	wore	worn
Raconter	(to) Tell	told	told
Rencontrer	(to) Meet	met	met
Savoir	(to) Know	knew	known
Sentir	(to) Feel	felt	felt
Tomber	(to) Fall	fell	fallen
Trouver	(to) Find	found	found
Venir	(to) Come	came	come
Voir	(to) See	saw	seen

Code de prononciation

Vous trouverez ci-dessous la transcription phonétique des différents sons anglais que nous nous sommes efforcés de simplifier afin d'en faciliter la lecture. Il faut signaler qu'il existe de nombreuses variantes phonétiques entre l'anglais parlé en Angleterre et celui parlé aux États-Unis — dont il n'est pas possible de tenir compte ici. En ce qui concerne la prononciation, chaque mot anglais peut être considéré comme un cas particulier. Le système que nous utilisons vous permettra, en le lisant comme du français, de vous faire comprendre de vos interlocuteurs anglais et américains.

Les caractères **gras** indiquent la place de l'accent tonique. Les caractères majuscules A et O indiquent un son qui n'a pas d'exact équivalent en français. Nous avons utilisé l'apostrophe pour marquer la suppression de la (ou des) voyelle(s) qui suit la consonne : au lieu de prononcer d'une façon trop appuyée « posseubeul » (= possible), il vaut mieux alléger la finale : « posseub'l ». Dans certains mots à plusieurs syllabes, afin d'en faciliter la lecture et la prononciation, nous avons employé un tiret : signature est prononcé « sig-netcheu ».

Consonnes

La plupart des consonnes se prononcent comme en français. Mais il existe quelques différences. Voici les principales :

— le h est toujours aspiré (= en fait, une légère expiration),

— le g se prononce dj devant e, i, y (*cf.* gin),

— le j se prononce dj (*cf.* blue jean),

— qu se prononce généralement kw (*cf.* un quaker) mais il existe quelques exceptions (quay, queue...) où il se prononce k,

— le r est assez différent du r français. Il passe inaperçu généralement devant une voyelle et en fin de mot. On pourrait le décrire comme un mélange de r et de w, prononcé avec les côtés de la langue contre les dents du haut !

— le w se prononce comme dans whisky (*cf.* weekend).

Certaines consonnes suivies de h ont une prononciation différente du français, principalement :

— ch se prononce tch,

— sh équivaut à notre ch français,

— gh n'est généralement pas prononcé ; sinon, il se prononce g à l'initiale (*cf.* ghetto) et f en finale,

— th se prononce tantôt comme z, tantôt comme ss, mais toujours avec le bout de la langue entre les dents.

    Ce son présente une certaine difficulté pour les Français. Pour « this », « that », « these », « those », nous transcrivons la prononciation de « th » par « z » (ziss, zatt...). Dans les autres cas, nous transcrivons la prononciation de « th » (valeur ss) par « t'h ».

Thank you (merci)	t'h**a**nnk you
Bathroom (salle de bain)	bat'hroum
Thursday (jeudi)	t'h**eu**sdeï

m et n sont toujours prononcés séparément (jamais avec les sons « an », « on » du français) : par exemple, « on » (= sur) se prononce « onn » comme dans *bonne*.

Pour des raisons de précision, nous avons transposé le « ing » du présent continu en « inn »

Running (courir)	r**A**ninn
Raining (pleuvoir)	re**ï**ninn

En revanche, les noms avec cette finale « ing » font davantage entendre le g (transcrits « inng » :

ring (bague)	rinng
string (ficelle)	strinng

N'oubliez pas que toutes les consonnes finales de la transcription se prononcent ; nous en avons doublé certaines quand une confusion avec le français était possible.

hot (chaud)	h**o**tt (*cf.* hotte)
dice (dé)	d**aï**ss (*cf.* maïs)

Sinon :

bedroom (chambre)	b**è**droum (*cf.* atchoum)
trip (voyage)	tr**i**p (*cf.* tripes)

Voyelles

Voici les voyelles utilisées dans la transcription et la manière de les prononcer (les voyelles en gras marquent l'emplacement de l'accent tonique, très important en anglais) :

Trans-cription	Exemples		Se prononcent	
a	Bank (banque)	b**a**nnk	(comme le a de
	Baggage (bagage)	b**a**guidj	« patte »)
â	Dark (sombre)	d**â**k	(comme le â de
	Car (voiture)	k**â**r	« pâte »)
A	Must (devoir)	m**A**st	(entre a et eu de
	Duck (canard)	d**A**k	« peur »)
aï	Find (trouver)	f**aï**nnd	(a-ï en appuyant
	Tie (cravate)	t**aï**	davantage sur le a)
è	Red (rouge)	r**è**d	(ê ouvert de « fête »)
	Airport (aéroport)	**è**pautt	
eï	Date (date)	d**eï**tt	(é-ï en appuyant
	Grey (gris)	gr**eï**	davantage sur le é)
i	Trip (voyage)	tr**i**p	(i très bref, à la
	Ticket (billet)	t**i**kitt	limite du é fermé de
			« bébé »)
ï	Street (rue)	str**ï**tt	(i très long comme ii)
	Meal (repas)	m**ï**l	

Transcription	Exemples	Se prononcent	
o	Hot (chaud)	ho**tt**	(o ouvert de
	Soft (doux)	s**o**ft	« hotte »)
au	Corn (maïs)	**ka**unn	(o long de « beau »)
	Laundry (linge)	**la**unndri	
O	Coat (manteau)	k**O**tt	(o très allongé, un
	Slow (lent)	sl**O**	peu comme o-ou)
oï	Boy (garçon)	b**oï**	(comme dans « cow-
	Voice (voix)	v**oï**ss	boy »)
e/eu	Learn (apprendre)	l**eu**rn	(eu de « peur »)
	Work (travail)	w**eu**rk	
	Around (autour)	er**a**ound	

Enfin, n'oubliez pas que, dans le parler courant, tout le monde (« tout l'mond' » !) tend à supprimer certains sons. Ne soyez donc pas surpris d'entendre, par exemple, au lieu de « tou dou » (*to do* = faire), « t'dou ».

Guide pratique
d'utilisation
de la langue

Note du traducteur

L'anglais parlé aux États-Unis est assez difficile à comprendre en raison de l'accent qui diffère énormément, notamment dans certains États du Sud. Il ne nous a donc pas été possible de rentrer dans des détails de prononciation que l'on ne peut acquérir que par la pratique de la langue. Nous nous sommes limités à vous donner la traduction en américain des mots qui changent totalement d'un pays à l'autre. Ces mots sont signalés dans le texte par l'abréviation *US*.

Achats

shopping   chopinn

En Angleterre, les magasins sont généralement ouverts de 9 heures à 17-18 heures. Dans la plupart des villes, la fermeture hebdomadaire a lieu le mercredi ou le jeudi après-midi, mais à Londres la majorité des grands magasins restent ouverts six jours par semaine, avec un « nocturne » le mercredi ou le jeudi jusqu'à 19 heures 30. Dans certains quartiers particulièrement commerçants (Oxford Street, Chelsea), l'heure de fermeture peut être plus tardive.

Aux États-Unis, les horaires sont presque les mêmes, mais dans les grandes villes (New York, Chicago, etc.) certains magasins restent ouverts vingt-quatre heures sur vingt-quatre, et sept jours sur sept.

L'indispensable

Je voudrais **acheter**...
I'd like to buy...
aïd laïk tou baï...

Pouvez-vous m'**aider** ?
Can you help me ?
kann you hèlp mï ?

Acceptez-vous les **cartes de crédit**... les traveller's chèques ?
Do you accept credit cards... traveller's checks ?
dou you eksèpt kréditt kâdz... travleuz tchèks ?

Où est le **centre commercial** ?... la boulangerie... le marché ?
Where is the main shopping center... a bakery... the market ?
wair iz ze meïnn chopinn'cènteu... e'beïkeri... ze mâkitt ?

Au coin de la rue.
On the corner of the street.
onn ze kauneu ov ze strïtt.

Première rue à droite.
First on the right.
feust onn ze raïtt.

Deuxième à gauche.
Second on the left.
sèkeund onn ze lèft.

Tout près d'ici.
Very near here.
vèri nieu hieu.

C'est loin.
It's far.
its fâr.

Pouvez-vous me donner le **certificat d'origine** ?
Can you give me the certificate of origin ?
kann you guiv mï ze seutifikeutt ov oridjinn ?

Cela me **convient**.
That suits me.
zatt siouts mï.

J'aimerais une **couleur** plus... foncée... claire.
I'd like a darker... lighter... colour.
aïd laïk e'dâkeu... e'laïteu... kAleu.

Combien cela **coûte**-t-il ?
How much does this cost ?
ha-au mAtch dAz ziss kost ?

Quels sont les **droits de douane** à payer ?
How much customs tax must I pay ?
ha-au mAtch kAstemz tax mAst aï peï ?

A quelle heure **fermez-vous** ?
What time do you close ?
watt taïm dou you klOz ?

J'**hésite** un peu... encore.
I'm not quite sure... yet.
aïm nott kwaïtt chour... yètt.

Pouvez-vous **livrer** ce paquet à l'hôtel ?
Can you deliver this parcel to my hotel ?
kann you diliva ziss pâs'l tou maï hOtèl ?

Avez-vous de la **monnaie** ?
Do you have any change ?
dou you hav éni tcheïndj ?

Pouvez-vous me **montrer** autre chose ?
Can you show me something else ?
kann you chO mï sAmt'hinn èls ?

Où dois-je **payer** ?... à la caisse ?
Where do I pay ?... at the cash desk ?
wair dou aï peï ?... att ze kach dèsk ?

Celui-ci me **plairait** plus.
I'd like this better.
aïd laïk ziss bèteu.

Écrivez-moi le **prix**, s'il vous plaît.
Please write the price down.
Plïz raïtt ze praïss daoun.

Puis-je **regarder**, s'il vous plaît ?
May I look, please ?
meï aï louk plïz ?

Pouvez-vous me **rembourser** ?
Can you refund me ?
kann you rifAnnd mï ?

Je **repasserai** dans la journée... demain.
I'll come back later... tomorrow.
aïll kAm bak leïteu... toumorO.

Ceci fait-il partie des **soldes** ?
Is this a sales item ?
iz ziss e'seïlz aï't'm ?

Cela me **va** bien.
It suits me fine.
itt siouts mï faïnn.

> Merci, au revoir !
> Thank you, goodbye !
> t'hannk you, goud baï !

Age

age   eïdj
DATES
dates   deïtts

L'indispensable

Quel **âge** avez-vous ?
How old are you ?
ha-au Old **ar** you ?

> J'aurai... **ans** dans... mois...
> In... months I shall be...
> **inn**... m**A**nnt'h aï chal b**ï**...

Quelle **date** sommes-nous ?
What date are we ?
watt deïtt **ar** w**ï** ?

Il (elle) paraît plus **jeune** que son âge.
He (she) looks young for his (her) age.
h**ï** (ch**ï**) l**ou**ks y**A**ng fau hiz (h**eur**) eïdj.

Nous sommes le 24 août, **jour** de mon anniversaire.
We are the twenty-fourth of August, my birthday.
w**ï** **ar** ze tw**è**nti-f**au**t'h ov **au**gueust, maï b**eu**t'hdeï.

SPECTACLES INTERDITS AUX MOINS DE 18 ANS... AUX
   MINEURS... AUX ENFANTS DE MOINS DE 13 ANS.
NO ADMITTANCE UNDER EIGHTEEN... TO UNDER
   AGED... TO CHILDREN UNDER THIRTEEN.
nO admiteuns **A**nndeu **eï**tïnn... tou **A**nndeu **eï**dj'd... tou
   tch**i**ldreunn **A**nndeu t'h**eu**tïnn.

Vocabulaire

Adultes	Adults	ad**A**lts
POUR ADULTES	FOR ADULTS	fau ad**A**lts
Age	Age	**e**ïdj
Age d'homme	Manhood	m**a**nhoud
Anniversaire	Birthday	b**eu**t'hdeï
Ans	Years	yi**eu**z
Aujourd'hui	Today	toud**eï**
Centenaire	Centenary	sènt**i**neri
Date de naissance	Date of birth	d**eï**tt ov b**eu**rt'h
Demain	Tomorrow	toum**o**rO
Hier	Yesterday	y**è**steudeï
Jeune	Young	y**A**ng
Jeunesse	Youth	y**ou**t'h
Jour	Day	d**eï**
Majeur	Of age	ov **e**ïdj
MINEUR	UNDER AGED	**A**nndeu **e**ïdj'd
Mois	Month	m**A**nnt'h
Né le (je suis)	I was born on	aï w**a**z b**au**n onn
Naissance	Birth	b**eu**t'h
Vieillesse	Oldage	**O**ld **e**ïdj
Vieillir	(to) Grow old	gr**O** **O**ld
Vieux	Old	**O**ld

Agence de voyages

travel agency   trav'l **eï**djeunsi

L'indispensable

Bonjour !*
Good morning !... good afternoon !... good evening !
goud m**au**ninn !... goud **âf**teun**ou**n !... goud **ï**vninn !

J'**aimerais**...
I'd like...
aïd l**aï**k...

Auriez-vous... ?
Do you have... ?
dou you h**a**v... ?

Acceptez-vous les **cartes de crédit**... les traveller's
  chèques ?
Do you accept credit cards.... traveller's checks ?
dou you eks**è**pt kr**é**ditt k**â**dz... tr**a**vleuz tch**è**ks ?

Cela me **convient**.
That suits me.
zatt s**iou**ts mï.

Combien cela **coûte**-t-il ?
How much does this cost ?
ha-au m**A**tch d**A**z ziss k**o**st ?

Pouvez-vous me **proposer** un autre circuit ?
Can you suggest me another tour ?
kann you seudj**è**st mï en**A**zeu t**au** ?

Merci, au revoir !
Thank you, good bye !
t'h**a**nnk you, goud b**aï** !

  * En Angleterre et aux États-Unis on spécifie le moment de la journée :
matin, après-midi, soir.

En situation

Pouvez-vous m'indiquer une **agence de voyages** ?
Where can I find a travel agency ?
w**ai**r kann aï f**aï**nnd e't**rav**'l **eï**djeunsi ?

Pourriez-vous m'organiser un **circuit** partant de... passant
par... pour aller à... ?
Can you organize a tour for me leaving from... going
through... to get to... ?
kann you **au**gueunaïz e't**au** fau mï l**i**vinn from... g**O**inn t'hrou...
tou gu**è**tt tou... ?

Pour la visite, avez-vous un **guide parlant français** ?
Do you have a French speaking guide for the visit ?
dou you h**a**v e'fr**è**ntch sp**i**kinn g**a**ïd fau ze v**i**zitt ?

J'aimerais **modifier** le parcours.
I'd like to change the route.
aïd l**aï**k tou tch**e**ïndj ze r**ou**tt.

Le **transfert** (transport) à la gare... à l'aéroport... de
l'hôtel à la gare... est-il inclus ?
Is the transfer (transport) to the station... to the airport...
from the hotel to the station... included ?
iz ze tra**nn**sfeu (tra**nn**spautt) tou ze st**e**ïcheunn... tou ze **è**pautt...
from ze hOt**è**l tou ze st**e**ïcheunn... inncl**ou**did ?

Vocabulaire

Aéroport	Airport	**è**pautt
Annuler	(to) Cancel	k**a**nns'l
Arriver	(to) Arrive	er**a**ïv
Assurances	Insurance	innch**ou**rèns
Atterrissage	Landing	l**è**ndinn
	(*US* : touchdown)	t**A**tchdaoun
Avion	Plane	pl**e**ïnn
Bagage	Luggage	l**A**guidj
	(*US* : Baggage)	b**a**guidj
— (excédent de)	Excess	**i**ksèss

Billet	Ticket	tikitt
— plein tarif	Full-fare	**fou**l **fai**r
— demi-tarif	Half-fare	**hâ**f **fai**r
— aller-retour	return-fare	rit**eu**n-**fai**r
	(*US* : round-fare)	r**ao**und **fai**r
— de groupe	Group-fare	gr**ou**p **fai**r
Boisson	Drink	dri**nn**k
Cabine	Cabin	**ka**binn
Chambre	Room	r**ou**m
Changer	(to) Change	tch**eï**ndj
Circuit	Tour	t**au**
Classe (première)	First class	f**eu**st kl**a**ss
— (seconde)	Second class	s**è**keund kl**â**ss
— touriste	Economy class	ic**o**nemi kl**â**ss
— affaires	Business class	bizniss kl**â**ss
Compartiment	Compartment	kommp**â**tmeunt
Confirmer	(to) Confirm	konnf**eu**m
Correspondance	Correspondance	korisp**o**nn-deuns
Couchette	Couchette	kouch**è**tt
Couloir	Corridor	**k**orid**au**
Croisière	Cruise	kr**ou**z
Escale	Stopover	st**o**pOveu
Excursion	Excursion	ixk**eu**cheunn
Fenêtre	Window	winnd**O**
Fumeur - Non fumeur	Smoker - Non smoker	sm**O**keu - nonn sm**O**keu
Guide	Guide	g**aï**d
Inclus	Included	inncl**ou**did
Indicateur des chemins de fer	Train timetable	tr**eï**nn t**aï**mteïb'l
	(*US* : Schedule)	sk**è**dioul
Randonnée	Excursion	ixk**eu**cheunn
Repas	Meal	m**î**l
Réservation	Booking	b**ou**kinn
	(*US* : Reservation)	r**é**zeveïcheunn
Retard	Delay	dil**eï**
Route	Route	routt
Saison basse	Low season	l**O** s**ï**zeunn
— haute	High season	h**aï** s**ï**zeunn

Spectacle	Show	ch**O**
Supplément	Supplement	s**A**plimeunt
Théâtre	Theatre	t'**hi**euteu
Train	Train	tr**eï**nn
Trajet	Journey	dj**eu**ni
Transfert	Transfer	tr**a**nnsfeu
Valise	Suitcase	s**ou**tkeïss
Voiture	Car	k**â**r
	(*US* : Automobile)	aut**o**mebïl
Vol	Flight	fl**aï**tt
Wagon-lit	Sleeping-car	sl**ï**pinn k**â**r

Animaux de compagnie

pets   pètts

La loi interdit le transit et le séjour des animaux sur le territoire britannique. Ceux qui doivent y entrer pour y rester sont mis en quarantaine, ce qui est fort coûteux.

En principe, les animaux sont autorisés à entrer aux États-Unis sur présentation d'un certificat de vaccination antirabique datant de moins d'un an et de plus de trente jours, et d'un certificat de bonne santé. Toutefois, il est préférable de vous renseigner avant de partir auprès de l'ambassade ou du consulat des États-Unis, car certains animaux, notamment les chats, peuvent faire l'objet de contrôles particuliers.

En situation

Acceptez-vous les **animaux** ?
Do you accept animals ?
dou you eksèpt anim'lz ?

Je voudrais acheter un **collier**... une laisse... une muselière.
I'd like to buy a collar... a lead (*US* : leash)... a muzzle.
aïd laïk tou baï e'koleu... e'lïd (e'lïch)... e'mAz'l.

Mon chien n'est pas **méchant**.
My dog isn't fierce.
maï dog iz'nt fieuss.

Avez-vous de la **nourriture** pour les chats... pour les chiens ?
Do you have any cat food... any dog food ?
dou you hav éni katt foud... éni dog foud ?

Faut-il payer un **supplément** ?
Do I have to pay a supplement ?
dou aï hav tou peï e'sAplimeunt ?

Existe-t-il une boutique de **toilettage** pour chiens ?
Is there a dogs' beauty parlour ?
iz zair e'dogz biouti pâleu ?

Où puis-je trouver un **vétérinaire** ?
Where can I find a vet ?
waïr kann aï faïnnd e'vètt ?

Vocabulaire

Aboyer	(to) Bark	bâk
Animal de compagnie	Pet	pètt
Basset	Basset	bassitt
Bâtard	Mongrel	mAnngril
Caniche	Poodle	poud'l
Certificat	Certificate	seutifikeutt
Chat	Cat	katt
Chatte	Female cat	fïmeïl katt
Chien	Dog	dog
— de berger	Sheep-dog	chïp-dog
— loup	Alsatian	alseïcheunn
Chienne	Bitch	bitch
Collier	Collar	koleu
Croc	Fang	fanng
Docile	Docile	dOssaïll
Enragé	Mad	mad
Épagneul	Spaniel	spanieul
Griffe	Claw	klau
Gueule	Mouth	maout'h
Laisse	Lead	lïd
	(*US* : Leash)	lïch
Lévrier	Greyhound	greïhaound
Malade	Sick	sik
Miauler	(to) Mew	miou
Museau	Muzzle	mAz'l

Muselière	Muzzle	m**A**z'l
Obéissant	Obedient	eb**ï**dieunt
Oreilles	Ears	**i**euz
Pattes	Paws	p**au**z
Poil	Fur	**feu**r
Propre	Clean	kl**ï**nn
Queue	Tail	te**ï**ll
Sauvage	Wild	wa**ï**ld
Truffe	Nose	n**O**z
Vaccin	Vaccination	vaxin**eï**cheunn
Vétérinaire	Vet	v**è**tt

Appareils électriques

electrical appliances   il**è**trik'l eupla**ï**-eunsiz

HI-FI

hi-fi   ha**ï**-fa**ï**

Que vous vous rendiez en Angleterre ou aux États-Unis, prévoyez un adaptateur (votre électricien vous conseillera utilement, il connaît les différents voltages et la diversité des prises de courant des différents pays).

L'indispensable

Bonjour !*
Good morning !... good afternoon !... good evening !
goud m**au**ninn !... goud **â**fteun**ou**n !... goud **ï**vninn !

Je voudrais **acheter**...
I want to buy...
aï w**a**nnt tou b**aï**...

J'**aimerais**...
I'd like...
aïd l**aï**k...

Avez-vous un **article** meilleur marché ?
Do you have something cheaper ?
dou you h**a**v s**A**mt'hinn tch**ï**peu ?

Auriez-vous... ?
Do you have... ?
dou you h**a**v... ?

Acceptez-vous les **cartes de crédit**... les traveller's chèques ?
Do you accept credit cards... traveller's checks ?
dou you eks**è**pt kr**é**ditt k**â**dz... tr**a**vleuz tch**è**ks ?

* En Angleterre et aux États-Unis on spécifie le moment de la journée : matin, après-midi, soir.

Cela me **convient**.
That suits me.
zatt si**ou**ts mï.

Combien cela **coûte**-t-il ?
How much does this cost ?
ha-au m**A**tch d**A**z ziss k**o**st ?

Puis-je **essayer**... **échanger** ?
May I try... exchange ?
meï aï tra**ï**... ixtche**ï**ndj ?

Cet appareil est-il **garanti** ?
Is this device guaranteed ?
iz ziss div**aï**ss gareunntïd ?

Moins cher... **plus** grand... **plus** petit.
Cheaper... larger... smaller.
tch**ï**peu... l**â**djeu... sm**au**leu.

Merci, au revoir !
Thank you, good bye !
t'h**a**nnk you, goud b**aï** !

En situation

Un **adaptateur** est-il nécessaire ?
Is an adapter necessary ?
iz an'ed**a**pteu n**é**cisseri ?

Cet **appareil** est déréglé.
This device is out of order.
ziss div**aï**ss iz a**ou**tt ov **au**deu.

Pouvez-vous me donner le **certificat d'origine** ?
Can you give me the certificate of origin ?
kann you gu**i**v mï ze seutifikeutt ov **o**ridjinn ?

Quels sont les **droits de douane** à payer ?
How much customs tax will I have to pay ?
ha-au m**A**tch k**A**stemz t**a**x ou**i**l aï h**a**v tou pe**ï** ?

Le **fusible** a sauté.
The fuse has blown.
ze fi**ou**z haz bl**O**nn.

Avez-vous ce type de **piles** ?
Do you have this type of battery ?
dou you h**a**v ziss t**aï**p ov b**a**teri ?

Ma **radio** est en panne.
My radio's not working.
maï r**eï**diOz n**o**tt w**eu**rkinn.

Pouvez-vous le (ou la) **réparer** ?
Can you repair it ?
kann you rip**ai**r itt ?

Quand pourrais-je le (ou la) **reprendre** ?
When can I collect it ?
w**è**nn kann aï kel**è**ct itt ?

Vocabulaire

Adaptateur	Adapter	ed**a**pteu
Ampérage	Amperage	**a**mmperidj
Amplificateur	Amplifier	**a**mmpli-faïeu
Ampoule	Bulb	b**A**lb
Antenne	Aerial	**è**rieul
	(*US* : Antenna)	annt**è**neu
Bande magnétique	Recording tape	rik**au**dinn t**eï**p
Bouilloire	Kettle	k**è**t'l
Brancher	(to) Connect	ken**è**ct
Bruit	Noise	no**ï**z
Câble	Cable	k**eï**b'l
Cafetière	Coffee-maker	k**o**fi m**eï**keu
Calculatrice	Calculator	k**a**lkioul**eï**teu
Cassette	Recorded cassette	rik**au**did kass**è**tt
enregistrée		
— vierge	Virgin cassette	v**eu**djinn kass**è**tt
Courant	Current	k**A**reunt
Dévisser	(to) Unscrew	eunnskr**ou**

Disques	Records	rikaudz
— compacts	Compact discs, CD	keumpact disks, sïdï
Écouteurs	Earphones	ieurfOnnz
Fer à repasser	Iron	aïeunn
Fiche	Plug	plAg
Fil	Wire	waïr
Fréquence	Frequency	frikwènci
Fusible	Fuse	fiouz
Garantie	Guarantee	gareuntï
Grille-pain	Toaster	tOsteu
Haut-parleur	Loud-speaker	laoud-spïkeu
Interrupteur	Switch	switch
Lampe	Lamp	lammp
Magnétophone	Taperecorder	teïp rikaudeu
Magnétoscope	Videotape recorder	vidiOteïp rikaudeu
Période	Cycle	saïk'l
Pile	Battery	bateri
Pinces	Pliars	plaïeuz
Platine	Turntable	teunteïb'l
Portatif	Portable	pauteb'l
Prise double	Plug and socket	plAg annd sokitt
— simple	Plug	plAg
Raccord	Connection	keunèkcheunn
Radio	Radio	reïdiO
Rallonge	Extension	ixtèncheunn
Rasoir	Razor	reïzeu
Réparation	Repair	ripair
Réparer	(to) Repair	ripair
Résistance	Resistor	rizisteu
Réveil	Alarm clock	elâm klok
Sèche-cheveux	Hair-dryer	hair draïeu
Souder	(to) Solder	sOldeu
Tête de lecture	Reading head	rïdinn hèd
Touche	Key	kï
Tournevis	Screwdriver	skroudraïveu
Transformateur	Transformer	trannsfaumeu
Visser	(to) Screw	skrou
Voltage 110	Voltage one ten	vaultidj wAnn tènn
— 220	— two twenty	— tou twènti

Autobus

bus   bAss

A Londres, le réseau d'autobus est très étendu. Mondialement connus, les bus rouges à double pont (« double decker ») sont un moyen peu coûteux et agréable de visiter la ville lorsqu'on est placé en haut.

Les tarifs sont fonction du trajet et les billets s'obtiennent auprès du receveur dans la voiture. Les touristes bénéficient de conditions très avantageuses. Renseignez-vous aux guichets de tourisme dans les gares, les aéroports, etc.

Un réseau efficace d'autobus rapides relie les grandes villes.

Dans la plupart des villes américaines, comme à New York, les bus circulent sur un parcours à sens unique.

Les tarifs sont fonction du trajet, comme en Angleterre. Il est pratiquement obligatoire de faire l'appoint avant de monter dans le bus, mais il est également possible d'utiliser les jetons qui servent pour le métro.

L'autocar américain, d'un grand confort, est le moyen le moins cher pour visiter ce vaste pays. Sachez qu'il existe des tarifs forfaitaires à la portée de toutes les bourses. Vous pouvez même obtenir, dans certaines conditions, une réduction supplémentaire en achetant votre billet un mois avant votre départ. Renseignez-vous auprès de votre agence de voyages.

En situation

Où est la station du bus qui va à... ?
Where's the bus station to... ?
wair iz ze bAss steïcheunn tou... ?

Pouvez-vous m'**arrêter** à... ?
Can you stop me off at... ?
kann you st**o**p mï of att... ?

Je voudrais un (des) **billet**(s) pour...
I want a ticket (some tickets) to...
aï w**a**nnt e'**ti**kitt (s**A**m tikitts) tou...

Faut-il **changer** de bus ?
Do I have to change buses ?
dou aï h**a**v tou tche**ï**ndj b**A**ss'z ?

Combien coûte le trajet jusqu'à... ?
How much is the fare to... ?
ha-au m**A**tch iz ze f**ai**r tou... ?

Pouvez-vous me prévenir quand je devrai **descendre** ?
Can you tell me when I have to get off ?
kann you t**è**l mï ou**è**nn aï h**a**v tou gu**è**tt of ?

A quelle **heure** passe le dernier bus ?
At what time does the last bus pass ?
att w**a**tt t**aï**m d**A**z ze l**â**st b**A**ss p**â**ss ?

Avez-vous un **plan du réseau** ?... Un horaire ?
Do you have a bus map... a timetable (*US :* schedule) ?
dou you h**a**v e'b**A**ss map... e't**aï**mt**eï**b'l (sk**è**dioul) ?

Vocabulaire

Aller simple	Single	s**i**nngueul
	(*US :* One-way)	w**A**nn we**ï**
Aller et retour	Return	rit**eu**n
	(*US :* Round trip)	ra**ou**nd trip
ARRÊT	STOP	st**o**p
ARRÊT FACULTATIF	REQUEST STOP	rikw**è**st st**o**p
BILLET	TICKET	t**i**kitt
Bagage	Luggage	l**A**guidj
	(*US :* Baggage)	b**a**guidj
Banlieue	Suburb	s**A**beub
Chauffeur	Driver	dr**aï**veu
Complet	Full	**fou**l

Correspondance	Correspondance	korisp**o**nn-deuns
Descente	Way down	we**ï** da**ou**n
Destination	Destination	dèstine**ï**cheunn
Gare routière	Coach station	k**O**tch ste**ï**cheunn
Guichet	Counter	ka**ou**nteu
Horaire	Timetable	ta**ï**mte**ï**b'l
	(*US* : Schedule)	sk**è**dioul
Lent	Slow	sl**O**
MONTÉE	WAY-UP	we**ï**-Ap
Prix (du billet)	Fare	fair
Rapide	Fast	f**â**st
RENSEIGNEMENTS	INFORMATION	innfeume**ï**cheunn
SORTIE	WAY-OUT	we**ï**-aoutt
STATION	STATION	ste**ï**cheunn
Supplément	Supplement	s**A**plimeunt
Tarif	Fare	fair
(Demi-tarif)	Half-fare	h**â**f fair

Avion

plane   pleïnn
AÉROPORT
airport   èpautt

Aux États-Unis, l'avion est le moyen de transport le plus rapide. La compétition entre les nombreuses compagnies aériennes est telle qu'il y a toujours moyen de trouver un système de forfait avantageux. Les tarifs sont généralement peu excessifs. Il faut savoir faire jouer la concurrence.

Certains aéroports sont très étendus, à un point tel que chaque compagnie a son propre bâtiment. D'où la nécessité, pour certains changements, de prendre un taxi. Il y a des bus, mais il est difficile d'en percevoir la destination et la rotation.

En situation

Acceptez-vous les petits **animaux** en cabine ?
Do you accept small animals in the cabin ?
dou you eksèpt smaul anim'lz inn ze kabinn ?

Faut-il enregistrer ce **bagage** ?
Do I have to register this luggage (*US : baggage*) ?
dou aï hav tou reïdjisteu ziss lAguidj (baguidj) ?

Puis-je garder cette valise comme **bagage à main** ?
Can I keep this bag as hand luggage (*US : baggage*) ?
kann aï kïp ziss bag az hannd lAguidj (baguidj) ?

Mon **bagage est endommagé**.
My luggage (*US : baggage*) is damaged.
maï lAguidj (baguidj) iz damidjd.

Je voudrais un **billet** simple... un aller et retour... en
   première classe... en classe « affaires »... en classe
   « touristes ».
I'd like a single ticket... a return (*US :* round trip)... first
   class... « business » class... « economy » class...
aïd laïk e'sinngueul tikitt... e'rit**eun** (*US :* ra**ou**nd tri**p**)... f**eu**st
   klâss... bizniss klâss... iconemi klâss...

Où se trouve la **boutique « hors taxes »** ?
Where's the duty free shop ?
wairz ze di**ou**ti frï ch**o**p ?

J'ai perdu ma **carte d'embarquement**.
I've lost my boarding card.
aïv l**o**st maï b**au**dinn kâd.

Où est le **comptoir d'enregistrement** ?
Where's the check-in desk ?
wairz ze tchèkinn dèsk ?

Pouvez-vous me **conduire** à l'aéroport ?
Can you drive me to the airport ?
kann you dra**ï**v mï tou ze **è**pautt ?

   DERNIER APPEL... **EMBARQUEMENT IMMÉDIAT**.
   FINAL CALL... IMMEDIATE BOARDING.
   faïn'l k**au**l... imïdieutt b**au**dinn.

Dois-je payer un **excédent de bagages** ?
Do I have to pay excess luggage (*US :* baggage) ?
dou aï h**a**v tou peï iksèss l**A**guidj (b**a**guidj) ?

Y a-t-il encore de la **place** sur le vol... ?
Is there still some place on flight... ?
iz zair stil s**A**m ple**ï**ss onn flaïtt... ?

A **quelle heure** a lieu l'embarquement... à quelle porte ?
At what time is the boarding... at which gate ?
att w**a**tt taïm iz ze b**au**dinn... att witch gu**eï**tt ?

Pouvez-vous changer ma réservation ?
Can you change my flight ?
kann you tche**ï**ndj maï fla**ï**tt ?

J'ai confirmé ma **réservation** il y a trois jours.
I confirmed my booking (*US :* reservation) three days ago.
aï konnf**eu**md maï b**ou**kinn (rèzeve**ï**cheunn) t'hrï deïz eg**O**.

Le vol est-il **retardé**... annulé ?
Is the flight delayed... cancelled ?
iz ze **fla**ïtt **dileïd**... **ka**nns'ld ?

Je voudrais un **siège** à l'avant... à l'arrière... près d'un
hublot... sur l'allée... dans la zone « fumeurs »... « non
fumeurs ».
I'd like a seat near the front... at the back... near a
window... on the alley... in the smoking area... non-
smoking area.
aïd **la**ïk e's**ï**tt nieu ze fr**A**nnt... att ze **bak**... nieu e'**winn**dO... inn
ze **a**li... inn ze sm**O**kinn **è**ria... nonn-sm**O**kinn **è**ria.

Ai-je le **temps** d'aller changer de l'argent ?
Do I have time to go and change some money ?
dou aï hav **ta**ïm tou g**O** annd **tche**ïndj s**A**m m**A**ni ?

A quelle heure décolle le prochain **vol** pour... ?
What time does the next flight leave for... ?
watt **ta**ïm d**A**z ze n**è**xt **fla**ïtt liv fau... ?

En vol

during the flight   di**ou**rinn ze **fla**ïtt

Restez **assis** jusqu'à l'arrêt complet de l'appareil.
Remain seated until the engines are shut down.
rime**ï**nn s**ï**teud eunt**i**l ze **è**ndjinnz ar ch**A**tt da**ou**n.

ATTACHEZ VOS CEINTURES.
FASTEN YOUR SEAT BELTS.
f**A**ss'n y**au** s**ï**tt b**è**lts.

Je voudrais quelque chose à **boire**... Je voudrais une
couverture.
I'd like something to drink... I'd like a blanket.
aïd laïk s**A**mt'hinn tou dr**i**nnk... aïd laïk e'bl**a**nnkitt.

Mes **écouteurs** ne fonctionnent pas.
My head-phones aren't working.
maï h**è**dfOnnz ar'nt **we**urkinn.

NE FUMEZ PAS PENDANT LE DÉCOLLAGE...
    PENDANT L'ATTERRISSAGE... DANS LES
    TOILETTES.
NO SMOKING DURING TAKE-OFF... DURING
    LANDING (*US :* TOUCHDOWN)... IN THE TOILETS.
n**O** sm**O**kinn di**ou**rinn te**ï**kof... di**ou**rinn l**è**ndinn
    (*US :* t**A**tchda**ou**n)... inn ze t**oï**litts.

Votre **gilet de sauvetage** est sous votre siège.
Your life-jacket is under your seat.
yau la**ï**f-dj**a**kitt iz **A**nndeu yau s**ï**tt.

Veuillez retourner à vos **places**.
Please return to your seat.
pl**ï**z rit**eu**n tou yau s**ï**tt.

Quelle est la **température** au sol ?
What is the ground temperature ?
w**a**tt iz ze gra**ou**nd t**è**m-pritcheu ?

Dans combien de **temps** servez-vous le petit déjeuner ?...
    le déjeuner ?... la collation ?... le dîner ?
How long before you serve breakfast ?... lunch ?... a
    snack ?... dinner ?
ha-au l**o**nng bif**au** you s**eu**v br**è**kfeust... l**A**nntch... e'sn**a**k...
    dineu ?

Notre **temps de vol** jusqu'à... sera de...
Our flying time to... will be...
aoueu fla**ï**nn taïm tou... w**i**l b**ï**...

Vocabulaire

Aéroport	Airport	**è**pautt
Aller	(to) Go	g**O**
Allée	Alley	**a**li
ARRIVÉE	ARRIVAL	era**ï**v'l
Assurances	Insurance	innch**ou**rèns
Atterrissage	Landing	l**è**ndinn
	(*US :* Touchdown)	t**A**tchda**ou**n

Bagages	Luggage	lAguidj
	(*US* : Baggage)	baguidj)
— à main	Hand luggage	hannd lAguidj
	(*US* : Hand baggage)	hannd baguidj
Bar	Bar	bâr
Billet	Ticket	tikitt
Boutiques hors taxes	Duty free shops	diouti frï chops
Cabine	Cabin	kabinn
Carte d'embarquement	Boarding card	baudinn kâd
Classe (première)	First class	feust klâss
— affaires	Business class	bizniss klâss
— touristes	Economy class	iconemi klâss
Confirmation	Confirmation	connfeumeïcheunn
Couverture	Blanket	blannkitt
Décollage	Take-off	teïkof
DÉPART	DEPARTURE	dipâtcheu
Descendre	(to) Descend	dissènd
DOUANE	CUSTOMS	kAstemz
EMBARQUEMENT	BOARDING	baudinn
Embarquement immédiat	Immediate boarding	imïdieutt baudinn
Équipage	Crew	krou
Fiche de police	Immigration card	imigreïcheunn kâd
Fouille de sécurité	Security search	sikiouriti seutch
FUMEURS	SMOKING	smOkinn
Gilet de sauvetage	Life jacket	laïf djakitt
Horaire	Timetable	taïmteïb'l
	(*US* : Schedule)	skèdioul
Hublot	Window	winndO
IMMIGRATION	IMMIGRATION	imigreïcheunn
Monter	(to) Board	baud
NON FUMEURS	NO SMOKING	nO smOkinn
Passeport	Passport	pâsspautt
Porte	Gate	gueïtt
Porteur	Porter	pauteu
Réservation	Booking	boukinn
	(*US* : Reservation)	rézeveïcheunn)

Retardé	Delayed	dileïd
Sac	Bag	bag
SORTIE DE SECOURS	EMERGENCY EXIT	imeudjeunsi éxitt
Soute	Luggage compartment	lAguidj kommpâtmeunt
	(*US* : Baggage compartment)	baguidj kommpâtmeunt
Supplément	Supplement	sAplimeunt
TRANSIT	TRANSIT	trannzitt
Valise	Suitcase	soutkeïss
Visa	Visa	visa
Vol	Flight	flaïtt

Banque

bank   bannk

En Angleterre, les banques sont ouvertes de 9 heures 30 à 15 heures 30 du lundi au vendredi. La plupart ont un bureau de change.

L'utilisation de chèques de voyages n'est pas courante en Angleterre, en revanche, la majorité des magasins acceptent les cartes de crédit.

Aux États-Unis, les banques sont ouvertes du lundi au vendredi, de 10 heures à 15 heures. L'utilisation de chèques de voyage est très répandue, ainsi que celle des cartes de crédit.

En situation

Où est la **banque** la plus proche ?
Where is the nearest bank ?
wair iz ze nieurèst bannk ?

Y a-t-il un **bureau de change** près d'ici ?
Is there a bank nearby where I can change some money ?
iz zair e'bannk nieurbaï wair aï kann tcheïndj sAm mAni ?

J'ai une **carte de crédit**.
I have a credit card.
aï hav e'kréditt kâd.

Je voudrais **changer** des francs belges, français, suisses...
I'd like to change some Belgium, French, Swiss francs...
aïd laïk tou tcheïndj sAm bèldjeum, frèntch, souiss frannks...

Je voudrais encaisser ce **chèque de voyage**.
I'd like to cash this traveller's check.
aïd laïk tou kach ziss travleuz tchèk.

Quel est le **cours du change** ?
What is the exchange rate ?
watt iz ze ixtcheïndj reïtt ?

Quels sont les heures d'**ouverture** de la banque ?
At what time is the bank open ?
att watt taïm iz ze bannk Op'n ?

Où dois-je **signer** ?
Where must I sign ?
wair mAst aï saïnn ?

J'attends un **virement**, est-il arrivé ?
I'm waiting for a transfer, has it arrived ?
aïm weïtinn fau e'trannsfeu, haz itt eraïvd yètt ?

Vocabulaire

Argent	Money	mAni
Billet	Bank note	bannk nOtt
	(*US* : Bill)	bil
CAISSE	CASHIER	kachieu
Carnet de chèques	Check book	tchèk bouk
Carte de crédit	Credid card	kréditt kâd
CHANGE	EXCHANGE	ixtcheïndj
Changer	(to) Exchange	ixtcheïndj
Chèque	Check	tchèk
Chèque de voyage	Traveller's check	travleuz tchèk
Commission	Commission	kemicheunn
Compte	Account	ekaount
Cours	Rate	reïtt
Devises	Currency	kArennci
Encaisser	(to) Cash	kach
Espèces	Cash	kach
Eurochèques	Euro-checks	ieurO-tchèks
Formulaire	Form	faum
Guichet	Counter, desk	kaounteu, dèsk
Montant	Sum	sAm
Paiement	Payment	peïmeunt
Payer	(to) Pay	peï

Pièces de monnaie	Coins	koïnnz
Reçu	Receipt	rissïtt
Retirer	(to) Draw	dr**au**
Signature	Signature	sig-netcheu
Signer	(to) Sign	saïnn
Télégramme (par)	Telegraphed	t**é**ligrâfd
Versement	Deposit	dip**o**zitt
Virement	Transfer	tr**a**nnsfeu

Bateau

boat   bOtt

En situation

DERNIER APPEL, les passagers sont priés de
monter à bord.
FINAL CALL for all passengers to board.
faïn'l kaul fau aul passèndjeuz tou baud.

Pour quelle heure l'**arrivée** est-elle prévue ?
At what time do we expect to arrive ?
att watt taïm dou wï ixpèct tou eraïv ?

Voulez-vous faire porter mes **bagages** dans la cabine n°...
Can you have my luggage (*US* : baggage) taken to cabin
number...
kann you hav maï lAguidj (baguidj) teïk'n tou kabinn nAmmbeu...

Mon **bagage est endommagé**.
My luggage (*US* : baggage) is damaged.
maï lAguidj (baguidj) iz damidjd.

Je voudrais un **billet** simple... aller et retour... première
classe... seconde classe.
I'd like a single (*US* : one-way)... return (*US* : round)...
first class... second class... ticket.
aïd laïk e'sinngueul (wAnn weï)... riteun (raound)... feust klâss...
sèkeund klâss tikitt.

Où sont les **bureaux** de la compagnie maritime ?
Where are the offices of the shipping agent ?
waïr ar ze ofissiz ov ze chipinn eïdjeunt ?

Y a-t-il encore des **cabines** disponibles ?
Are there any cabins still available ?
ar zaïr èni kabinns stil eveïleb'l ?

Je voudrais une **cabine sur le pont**.
I'd like a cabin on the deck.
aïd laïk e'kabinn onn ze dèk.

Pourrais-je disposer d'une **chaise longue** ?
May I take a deck-chair ?
meï aï teïk e'dèktchair ?

Pouvez-vous me **conduire** au port ?
Can you take me to the port ?
kann you teïk mï tou ze pautt ?

A quelle heure a lieu l'**embarquement** ?... le départ ?
At what time do we board ?... does the boat leave ?
att watt taïm dou wï baud... dAz ze bOtt lïv ?

Quelle est la durée de l'**escale** ?
How long is the stopover ?
ha-au lonng iz ze stopOveu ?

Pouvez-vous m'**indiquer** le bar ?
Where is the bar ?
waïr iz ze bâr ?

J'ai le **mal de mer**. Avez-vous un remède ?
I'm seasick. Do you have a remedy ?
aïm sïsik. dou you hav e'rémedi ?

Pouvez-vous changer ma **réservation** ?
Can you change my booking (*US* : reservation) ?
kann you tcheïndj maï boukinn (rézeveïcheunn) ?

A quelle heure **servez-vous** le petit déjeuner... le
   déjeuner... le dîner ?
At what time do you serve breakfast... lunch... dinner ?
att watt taïm dou you seuv brèkfeust... lAnntch... dineu ?

Combien de **temps** dure la traversée ?... la croisière ?
How long does the crossing last ?... the cruise ?
ha-au lonng dAz ze krossinn lâst... ze krouz ?

Est-ce une **traversée** de jour ou de nuit ?
Is it a day or night crossing ?
iz itt e'deï or naïtt krossinn ?

Vocabulaire

Aller	(to) Go	g**O**
Annulé	Cancelled	**ka**nns'l
ARRIVÉE	ARRIVAL	er**aï**v'l
Assurances	Insurance	innch**ou**rèns
Babord	Port (side)	p**au**tt (saïd)
Bagages	Luggage	l**A**guidj
	(*US* : baggage)	b**a**guidj
Bar	Bar	b**â**r
Billet	Ticket	t**i**kitt
Bouée	Buoy	b**oï**
Cabine	Cabin	**ka**binn
Cale	Hold	h**O**ld
Canot de sauvetage	Life-boat	l**aï**f b**O**tt
Chaise longue	Deck-chair	d**è**ktchair
Commissaire de bord	Purser	p**eu**sseu
Confirmation	Confirmation	konnfeme**ï**cheunn
Couchette	Berth	b**eu**t'h
Couverture	Blanket	bl**a**nnkitt
Classe (première)	First class	f**eu**st kl**â**ss
— (seconde)	Second class	s**è**keund kl**â**ss
DÉPART	DEPARTURE	dip**â**tcheu
Descendre	(to) Go down	g**O** da**ou**n
DOUANE	CUSTOMS	k**A**stemz
Embarquement	Boarding	b**au**dinn
Embarcadère	Landing stage	l**è**ndinn st**eï**dj
Équipage	Crew	kr**ou**
Excursion	Excursion	ixk**eu**cheunn
Escale	Port of call	p**au**tt ov k**au**l
Fiche de police	Immigration form	imigr**eï**cheunn f**au**m
Fouille de sécurité	Security control	siki**ou**riti konntr**O**l
FUMEURS	SMOKING	sm**O**kinn
Gilet de sauvetage	Life jacket	l**aï**f dj**a**kitt
Horaire	Timetable	t**aï**mte**ï**b'l
	(*US* : Schedule)	sk**è**dioul
Hublot	Porthole	p**au**t**O**l

Immigration	Immigration	imigreïcheunn
Jetée	Jetty, pier	djèti, pieur
Médecin du bord	Ship's Doctor	chips docteu
Monter	(to) Go up	g**O A**p
Nœuds (vitesse)	Knots	nots
NON FUMEURS	NO SMOKING	n**O** sm**O**kinn
Passeport	Passport	p**â**sspautt
Passerelle	Gangway	ganngweï
Pont	Deck	dèk
Port	Port	pautt
Poupe	Stern	st**eu**n
Porteur	Porter	p**au**teu
Proue	Prow	praou
Quai	Quay	kï
Réservation	Booking	boukinn
	(*US* : Reservation)	r**é**zeveïcheunn
Retard	Delay	dileï
Sac	Bag	bag
Supplément	Supplement	s**A**plimeunt
Toilettes	Toilet	toïlitts
Tribord	Starboard	st**â**b**eu**d
Valise	Suitcase	soutkeïss
Visa	Visa	visa

Bijouterie

jeweller djoueleu
HORLOGERIE
watchmaker wotch-meïkeu

L'indispensable

Bonjour !*
Good morning... good afternoon... good evening !
goud mauninn... goud âfteunoun... goud ïvninn !

Je voudrais **acheter**...
I want to buy...
aï wannt tou baï...

J'**aimerais**...
I'd like...
aïd laïk...

Avez-vous un **article** meilleur marché ?
Do you have something cheaper ?
dou you hav sAmt'hinn tchïpeu ?

Auriez-vous... ?
Do you have... ?
dou you hav ?

Acceptez-vous les **cartes de crédit**... les traveller's chèques ?
Do you accept credit cards... traveller's checks ?
dou you eksèpt kréditt kâdz... travleuz tchèks ?

Pouvez-vous me donner le **certificat d'origine** ?
Can you give me the certificate of origin ?
kann you guiv mï ze seutifikeutt ov oridjinn ?

* En Angleterre et aux États-Unis on spécifie le moment de la journée : matin, après-midi, soir.

Cela me **convient**.
That suits me.
zatt siouts mï.

Combien cela **coûte**-t-il ?
How much does this cost ?
ha-au mAtch dAz ziss kost ?

Quels sont les **droits de douane** à payer ?
How much customs tax must I pay ?
ha-au mAtch kAstemz tax mAst aï peï ?

Puis-je **essayer** ?... **échanger** ?
May I try... exchange ?
meï aï traï... ixtcheïndj ?

Pouvez-vous me **montrer** autre chose ?
Can you show me something else ?
kann you chO mï sAmt'hinn èls ?

Plus grand... **plus** petit...
Larger... smaller...
lâdjeu... smauleu...

Merci, au revoir !
Thank you, good bye !
t'hannk you ! goud baï !

En situation

Je voudrais voir le **bracelet** qui est en vitrine.
I'd like to see the bracelet in the window.
aïd laïk tou sï ze breïslitt inn ze winndO.

Avez-vous un **choix** de bagues ?
Do you have a collection of rings ?
dou you hav e'kelèkcheunn ov rinngz ?

Auriez-vous un **modèle** plus simple ?
Do you have a simpler model ?
dou you hav e'simmpleu mod'l ?

Ma **montre** ne fonctionne plus.
My watch isn't working.
maï wotch iz'nt weurkinn.

Pouvez-vous **remplacer** le verre ?
Can you replace the glass ?
kann you ripleïss ze glâss.

Le **verre** est cassé.
The glass is broken.
ze glâss iz brOk'n.

Vocabulaire

Acier inoxydable	Stainless steel	steïnnless stîl
Aiguille (de montre)	Hand	hannd
Ambre véritable	Real amber	rîl ammbeu
Argent massif	Solid silver	solid silveu
— plaqué	Plated silver	pleït'd silveu
Bague	Ring	rinng
Boucle	Buckle	bAk'l
Boucle d'oreilles	Earrings	ïrinngz
Boutons de manchette	Cuff-links	kAf-linnks
Bracelet-montre	Wrist-watch	rist-wotch
Briquet	Lighter	laïteu
Broche	Brooch	brOtch
Cadeau	Present, gift	prèz'nt, guift
Carat	Carat	kareutt
Cassé	Broken	brOk'n
Chaîne	Chain	tcheïnn
Chaînette	Small chain	smaul tcheïnn
Chronomètre	Chronometer	krenomiteu
Collier	Necklace	nèkliss
Couverts	Cutlery	kAtleri
Cuiller (petite)	Tea spoon	tï spoun
Épingle de cravate	Tie-pin	taï-pinn
Étanche	Waterproof	wauteuprouf
Ivoire	Ivory	aïveri
Médaille	Medal	méd'l
Montre	Watch	wotch
— automatique	Self-winding watch	sèlf-waïnndinn wotch

Or massif	Solid gold	solid gOld
— plaqué	Gold plated	gOld pleïï'd
Pendentif	Pendant	peïnndeunt
Pierres précieuses	Gems	djèmz
— semi-précieuses	Semiprecious stones	sémi-prècheuss stOnnz
Pile	Battery	bateri
Ressort	Spring	sprinng
Réveil de voyage	Travelling clock	travlinn klok
Verre de montre	Watch glass	wotch glâss

Boucherie

butcher   **bou**tcheu
CHARCUTERIE
delicatessen   d**é**liket**è**ss'n

L'indispensable

Bonjour !*
Good morning... good afternoon... good evening.
goud m**au**ninn... goud **â**fteun**ou**n... goud **ï**vninn.

Je voudrais **acheter**...
I want to buy...
aï w**a**nnt tou b**aï**...

J'**aimerais**...
I'd like...
aïd l**aï**k...

Auriez-vous... ?
Do you have... ?
dou you h**a**v... ?

Cela me **convient**.
That suits me.
zatt si**ou**ts mï.

Combien cela **coûte**-t-il ?
How much does this cost ?
ha-au m**A**tch d**A**z ziss k**o**st ?

Moins cher... **plus** fin... **moins** gras.
Cheaper... thinner... less fat.
tch**ï**peu... t'h**i**nneu... l**è**ss f**a**tt.

  * En Angleterre et aux États-Unis on spécifie le moment de la journée :
matin, après-midi, soir.

Auriez-vous un autre **morceau** ?
Do you have another piece ?
dou you hav enAzeu pïss ?

Plus gros... **plus** petit.
Larger... smaller.
lâdjeu... smauleu.

Merci, au revoir !
Thank you, good bye !
t'hannk you, goud baï !

Vocabulaire

Agneau (côte d')	Lamb (chop)	lamm (tchop)
Bœuf (côte de)	Beef (rib of)	bïf (rib ov)
— (rôti de)	— (joint, roast)	— (djoïnnt, rOst)
— (steak)	— (steak)	— (steïk)
— (steak haché)	— (minced)	— (minnst)
Boudin	Black pudding	blak poudinn
	(*US* : Blood sausage)	blAd sossidj
Entrecôte	Entrecote	onntrekOtt
Faux-filet	Sirloin	seuloïnn
Filet	Fillet	filitt
Foie	Liver	liveu
Gras	Fat	fatt
Gibier	Game	gueïm
Cerf	Venison	vèniz'n
Sanglier	Wild boar	waïld bau
Jambon	Ham	ham
Lard	Bacon	beïk'n
Maigre	Lean	lïnn
Morceau	Piece	pïss
Mouton (épaule de)	Mutton (shoulder of)	mAt'n (chOldeu ov)
— (gigot de)	— (leg of)	— (lèg ov)
Porc (côte de)	Pork (chop)	pauk (tchop)
Salé	Salted	sault'd
Saucisse	Sausage	sossidj
Saucisson	(cold) sausage	(kOld) sossidj

Tendre	Tender	tèndeu
Tranche	Slice	slaïss
Veau (escalope de)	Veal escalope	vïl èskeulop
Volailles	Poultry, fowl	pOltri, fa-aul
Canard	Duck	dAk
Dinde	Turkey	teuki
Lapin	Rabbit	rabitt
Faisan	Pheasant	fèz'nt
Pintade	Guinea fowl	guini fa-aul
Poulet	Chicken	tchik'n

Boulangerie

baker   beïkeu
PÂTISSERIE
pastry shop   peïstri chop

L'indispensable

Bonjour !*
Good morning... good afternoon... good evening !
goud **mau**ninn... goud **âf**teun**ou**n... goud ïvninn !

Je voudrais **acheter**...
I want to buy...
aï wannt tou baï...

J'**aimerais**...
I'd like...
aïd laïk...

Auriez-vous... ?
Do you have... ?
dou you hav... ?

Cela me **convient**.
That suits me.
zatt siouts mï.

Combien cela **coûte**-t-il ?
How much does this cost ?
ha-au mAtch dAz ziss kost ?

Moins cher... **plus** grand... **plus** petit...
Cheaper... larger... smaller...
tchïpeu... lâdjeu... sm**au**leu...

Pouvez-vous me **montrer** autre chose ?
Can you show me something else ?
kann you ch**O** mï s**A**mt'hinn èls ?

* En Angleterre et aux États-Unis on spécifie le moment de la journée : matin, après-midi, soir.

Merci, au revoir !
Thank you, good bye !
t'hannk you, goud baï !

Vocabulaire

Bien cuit	Crisp	krisp
Biscotte	Rusk	rAsk
Brioche	Brioche	brioch
Chausson aux pommes	Apple turnover	ap'l teunOveu
Croissant	Croissant	croissan
Farine	Flour	fla-au
Gâteau	Cake	keïk
Levure	Yeast	yïst
Pain	Bread	brèd
Pâte	Dough	dO
Peu cuit	Soft	soft
Tarte	Tart	tât

Camping

camping   kammpinn

En situation

Où y a-t-il un terrain de camping ?
Where is the camping site ?
wair iz ze kammpinn saïtt ?

Comment y parvenir ?
How can I get there ?
ha-au kann aï guètt zair ?

Pouvez-vous me **montrer** le chemin sur la carte ?
Can you show me my way on the map ?
kann you chO mï maï weï onn ze map ?

Où puis-je **acheter** une bouteille de gaz ?... une torche
électrique ?
Where can I buy a bottle of gas ?... an electric torch ?
wair kann aï baï e'bot'l ov gass... eun ilèktrik tautch ?

Où puis-je **dresser ma tente** ?
Where can I pitch my tent ?
wair kann aï pitch maï tènt ?

Où se trouve le poste **d'eau potable** ?
Where is the drinking water fountain ?
wair iz ze drinnkinn wauteu faountènn ?

Où puis-je **garer ma caravane** ?
Where can I park my caravan ?
wair kann aï pâk maï karevann ?

Y a-t-il un **magasin d'alimentation** ?
Is there a food store ?
iz zair e'foud stau ?

Avez-vous de la **place** ?
Do you have any room ?
dou you hav éni roum ?

Quel est le **prix** par jour et par personne... pour la
  voiture... la caravane... la tente ?
What's the price per day and per person... for the car...
  for the caravan... for the tent ?
watts ze praïss peu deï annd peu peus'n... fau ze kâr... fau ze
  karevann... fau ze tènt ?

Comment se fait le **raccord au réseau électrique** ?
How can I connect to the electrical network ?
ha-au kann aï kenèct tou ze ilèktrik'l nètweurk ?

Nous désirons **rester**... jours... semaines.
We want to stay... days... weeks.
wï wannt tou steï... deïz... wïks.

Le camping est-il **surveillé** la nuit ?
Is the camping site guarded at night ?
iz ze kammpinn saïtt gâded att naïtt ?

Où sont les **toilettes**... les douches... les lavabos... les
  poubelles ?
Where are the toilets... the showers... the washbasins...
  the dustbins ?
waïr ar ze toïlitts... ze chaoeuz... ze woch-beïs'ns... ze
  dAstbinnz ?

Quel est le **voltage** ?
What's the voltage ?
watts ze vaultidj ?

Vocabulaire

Alcool à brûler	Methylated spirits	mèt'hileïtid spirits
Allumettes	Matches	matchiz
Ampoule	Bulb	bAlb
Assiette	Plate	pleïtt
Bidon	Can, Drum	kann, drAm
Bougies	Candles	kannd'lz
Boussole	Compass	kAmmpeuss
Bouteille de gaz	Bottle of gas	bot'l ov gass
Branchement	Connection	kenèkcheunn
Briquet	Lighter	laïteu

Buanderie	Laundry	**la**unndri
Caravane	Caravan	**ka**revann
Casserole	Saucepan	**sau**spann
Catégorie	Category, class	**ka**tigeri, **klâ**ss
Chaise	Chair	tch**air**
Chaise longue	Deckchair	**dè**ktchair
Chauffage	Heating	**hï**tinn
Cintre	Clothes hanger	kl**O**z **ha**nngueu
Clé	Key	k**ï**
— anglaise	Adjustable spanner	edj**A**steb'l **spa**neu
	(*US* : Monkey wrench)	m**A**nnki **rè**ntch
Corde	Rope	r**O**p
Couteau	Knife	na**ïf**
Couverts	Cutlery	k**A**tleri
Couverture	Blanket	**bla**nnkitt
Cuiller	Spoon	sp**oun**
Décapsuleur	Bottle opener	bot'l **O**pneu
Douche	Shower	cha**o**eu
Draps	Sheets	**chï**tts
Eau potable	Drinking water	**dri**nnkinn **wau**teu
— chaude	Hot water	hott **wau**teu
— froide	Cold water	k**O**ld **wau**teu
Emplacement	Location	lok**eï**cheunn
Enregistrement	Registration	régistr**eï**cheunn
Fourchette	Fork	**fau**k
Gardien	Guardian, caretaker	**gâ**dieunn, **kai**rteïkeu
Gobelet	Mug	m**A**g
Gourde	Water bottle, flask	**wau**teu bot'l, fl**â**sk
Hache	Ax	**a**x
Lampe de poche	Torch	**ta**utch
— tempête	Storm lantern	st**au**m **la**nnteunn
Linge	Linen	**li**nenn
Lit de camp	Camp bed	**ka**mmp **bè**d
Louer	(to) Rent	**rè**nt
Machine à laver	Washing machine	**wo**chinn **me**chinn
Marteau	Hammer	**ha**meu
Mât de tente	Tent pole	**tè**nnt p**Ol**
Matelas	Mattress	**ma**triss
— pneumatique	Inflatable mattress	**innfleï**teb'l **ma**triss

Matériel de camping	Camping gear	kammpinn guieu
Moustiquaire	Mosquito net	moskitO nètt
Ouvre-boîtes	Tin	tïnn
	(*US* : Can opener)	(kann) Opneu
Papier hygiénique	Toilet paper	toïlitt peïpeu
Pinces	Tweezers, pliers	twïzeuz, plaïeuz
— à linge	Clothes peg	klOz pègz
Piquet de tente	Tent peg	tènt pèg
Piscine	Swimming pool	swiminn poul
Poubelle	Dustbin	dAstbinn
	(*US* : Trash can)	trach kann
Prise de courant	Socket point	sokitt poïnnt
Réchaud	Camping stove	kammpinn stOv
Réfrigérateur	Refrigerator	rifridjereïteu
	(*US* : Freezer)	frïzeu
Remorque	Trailer	treïleu
Robinet	Tap	tap
	(*US* : Faucet)	faussitt)
Sac à dos	Rucksack	rAksak
— de couchage	Sleeping bag	slïpinn bag
Seau	Bucket, pail	bAkitt, peïll
Table	Table	teïb'l
Tapis de sol	Ground sheet	graound chïtt
Tasse	Cup	kAp
Tendeur	Runner	rAneu
Tente	Tent	tènt
Terrain de jeux pour les enfants	Playground for children	pleïgraound fau tchïldreunn
Tire-bouchon	Corkscrew	kauk-skrou
Toilettes	Toilets	toïlitts
Tournevis	Screwdriver	skroudraïveu
Trousse à outils	Tool kit	toul kitt
Trousse de secours	First aid box	feust eïd box
Vaisselle	Crockery	krokeri
Voiture	Car	kâr
	(*US* : Automobile)	automebïl

Chaussures

shoes   chouz
CORDONNIER
cobbler   kobleu

L'indispensable

Bonjour !*
Good morning... good afternoon... good evening !
goud **mau**ninn... goud **âf**teun**oun**... goud ïvninn !

Je voudrais **acheter**...
I want to buy...
aï wannt tou **baï**...

J'**aimerais**...
I'd like...
aïd la**ïk**...

Avez-vous un **article** meilleur marché ?
Do you have something cheaper ?
dou you hav s**A**mt'hinn tch**ï**peu ?

Auriez-vous... ?
Do you have... ?
dou you hav... ?

Acceptez-vous les **cartes de crédit**... les traveller's
   chèques ?
Do you accept credit cards... traveller's checks ?
dou you eks**è**pt kr**é**ditt k**â**dz... tra**v**leuz tch**è**ks ?

Cela me **convient**.
That suits me.
zatt **si**ou**t**s mï.

  * En Angleterre et aux États-Unis on spécifie le moment de la journée :
matin, après-midi, soir.

Combien cela **coûte**-t-il ?
How much does this cost ?
ha-au mAtch dAz ziss kost.

Puis-je **essayer**... ?
May I try... ?
meï aï traï... ?

Pouvez-vous me **montrer** autre chose ?
Can you show me something else ?
kann you chO mï sAmt'hinn èls ?

Plus grand... **plus** petit.
Larger... smaller.
lâdjeu... smauleu.

> Merci, au revoir !
> Thank you, good bye !
> t'hannk you, goud baï !

En situation

Où puis-je trouver un **cordonnier** ?
Where can I find a cobbler ?
waïr kann aï faïnnd e'kobleu ?

Ces chaussures sont trop **étroites**. Pouvez-vous les
   mettre sur la forme ?
These shoes are too narrow. Can you stretch them ?
zïz chouz ar tou narO. kann you strètch zèm ?

Avez-vous un **modèle** du même genre ?
Do you have a similar model ?
dou you hav e'simileu mod'l ?

Prenez-vous les **réparations** rapides ?
Do you do quick repairs ?
dou you dou kwik ripairz ?

Quand seront-elles **prêtes** ?
When will they be ready ?
wènn wil zeï bï rèdi ?

Vocabulaire

Beige	Beige	beïj
Blanc	White	waïtt
Botte	Boot	boutt
Brun	Brown	bra**ou**n
Caoutchouc	Rubber	r**A**beu
Chausse-pieds	Shoehorn	ch**ou**haun
Chaussures de marche	Walking shoes	w**au**lkinn ch**ou**z
— montantes	Boots	bo**u**tts
— souples	Soft shoes	soft ch**ou**z
Cirage	Polish	polich
Clouer	(to) Nail	neïll
Coller	(to) Stick	stik
Cordonnier	Cobbler, shoemaker	kobleu, ch**ou**meïkeu
Coudre	(to) Stitch	stitch
Court	Short	chautt
Cuir véritable	Real leather	rïl lèzeu
Daim	Suede	sweïdd
Embauchoirs	Shoetrees	ch**ou**trïz
Étroit	Narrow	narO
Grand	Large	lâdj
Lacet	Laces	leïssiz
Large	Wide	waïd
Noir	Black	blak
Paire	Pair	pair
Petit	Small	smaul
Pointure	Size	saïz
Recoudre	(to) Sew up	sO Ap
Ressemelage	(to) Resole	rissOl
Rouge	Red	rèd
Sandales	Sandals	sannd'lz
Semelle	Sole	sOl
Talon	Heel	hïl
Tissu	Material	met**ieu**rieul
Toile	Canvas	kannveuss
Vernis	Varnish	vânich
Vert	Green	grïnn

Circulation

circulation   seukiouleïcheunn
ROUTE/VILLE
road rOd / town taoun

En Angleterre on roule à gauche ; la priorité est presque toujours à droite, ou bien obéit aux lignes blanches qui barrent les routes arrivant sur des voies plus importantes.

La vitesse sur autoroutes est limitée à 110 km/h (70 mph) et dans les agglomérations à 50 ou 65 km/h (35-40 mph).

Aux États-Unis, la vitesse est généralement limitée sur les autoroutes à 88 km/h (55 mph) mais cela varie selon chaque État. La limitation de vitesse en agglomération varie aussi ; faites bien attention aux panneaux d'indication de vitesse, qui changent après la tombée de la nuit. La police sanctionne les contrevenants avec sévérité.

L'indispensable

Comment peut-on **aller** à... ?
How can I get to... ?
ha-au kann aï guètt tou... ?

Il faut faire **demi-tour**.
You have to turn round.
you hav tou teunn raound.

A quelle **distance** suis-je de... ?
How far am I from... ?
ha-au fâr am aï from... ?

C'est tout **droit**.
It's straight on.
itts streïtt onn.

Voulez-vous m'**indiquer** sur la carte ?
Will you show me on the map ?
wil you chO mï onn ze map ?

Est-ce **loin** d'ici ?
Is it far from here ?
iz itt fâr from hieu ?

Où suis-je ?
Where am I ?
wair am aï ?

Où y a-t-il un garage... un hôpital... un hôtel... un
   restaurant... dans les environs ?
Where is there a garage... a hospital... an hotel... a
   restaurant... near here ?
wair iz zair e'garaj... e'hospit'l... eun hOtèl... e'rèsterant... nieu
   hieu ?

Où puis-je **stationner** ?
Where can I park ?
wair kann aï pâk ?

> **Tournez** à droite... à gauche.
> Turn right... left.
> teunn raïtt... lèft.

Vocabulaire

A côté	Next to	nèxt tou
A droite	To the right	tou ze raïtt
A gauche	To the left	tou ze lèft
Avenue	Avenue	aveniou
Banlieue	Suburb	sAbeub
Boulevard	Boulevard	boulvâ
Carrefour	Crossroads	kross-rOdz
Chemin	Road	rOd
Demi-tour	Half turn	hâf teunn
(Faire demi-tour)	(To turn round)	teunn raound
Derrière	Behind	bihaïnnd
Descente	Way down	weï daoun
Devant	In front	inn frAnnt

Direction	Direction	daïrèkcheunn
Église	Church	tcheutch
En face	Facing	feïssinn
Environs (les)	Surroundings	seuraoundinngz
Montée	Way up	weï Ap
Parc	Park	pâk
Place	Square	skwair
Pont	Bridge	brìdj
Route	Road	rOd
Sens interdit	One-way	wAnn weï
Sentier	Path	pât'h
Sous	Under	Anndeu
Sur	On	onn
Tournant	Turning	teuninn
Tout droit	Straight on	streïtt onn

Panneaux routiers (Grande-Bretagne)

BENDS FOR...	VIRAGES SUR...
CHILDREN CROSSING	ATTENTION AUX ENFANTS
DANGER	DANGER
DEAD END	SANS ISSUE
DIVERSION	DÉVIATION
DUAL CARRIAGEWAY	ROUTE À DEUX VOIES
FOG	BROUILLARD
GIVE WAY	DONNEZ LA PRIORITÉ
HALT	ARRÊT
HEIGHT RESTRICTION	HAUTEUR LIMITÉE
HOSPITAL ZONE	HÔPITAL
KEEP LEFT	SERREZ A GAUCHE
LAY-BY	AIRE DE REPOS
LEVEL CROSSING	PASSAGE À NIVEAU
MAJOR ROAD AHEAD	ROUTE PRIORITAIRE
MOTORWAY	AUTOROUTE
NO ENTRY	ENTRÉE INTERDITE

NO PARKING	STATIONNEMENT INTERDIT
NO U TURN	DÉFENSE DE FAIRE DEMI-TOUR
ONE WAY	SENS UNIQUE
POLICE	POLICE
REDUCE SPEED NOW	RALENTISSEZ
ROADWORKS AHEAD	TRAVAUX
ROUNDABOUT	SENS GIRATOIRE
SLIPPERY WHEN WET	CHAUSSÉE GLISSANTE
STEEP HILL	FORTE PENTE
TRAFFIC LIGHTS	FEUX DE CIRCULATION
TURN ON LIGHTS	ALLUMEZ VOS PHARES
WAITING LIMITED	STATIONNEMENT LIMITÉ
WEIGHT LIMIT	POIDS LIMITÉ
YIELD	LAISSEZ LA PRIORITÉ

Panneaux routiers (États-Unis)

CAUTION	ATTENTION
CUSTOMS	DOUANE
DANGER	DANGER
DANGEROUS CURVE	VIRAGE DANGEREUX
DEAD END	SANS ISSUE
DIVERSION	DÉVIATION
FALLING ROCKS	ÉBOULEMENTS
FRONTIER	FRONTIÈRE
HOSPITAL ZONE	HÔPITAL
LEVEL CROSSING	PASSAGE À NIVEAU
NO PARKING	STATIONNEMENT INTERDIT
NO U TURN	DÉFENSE DE FAIRE DEMI-TOUR
ONE WAY	SENS UNIQUE
POLICE	POLICE
REDUCE SPEED	RALENTISSEZ
REST AREA	AIRE DE REPOS

ROAD CLOSED	ROUTE BARRÉE
SCHOOL	ÉCOLE
SLIPPERY WHEN WET	CHAUSSÉE GLISSANTE
SOFT SHOULDER	BAS-CÔTÉS NON STABILISÉS
SQUEEZE	ROUTE ÉTROITE
TOLL AHEAD	PÉAGE
TURN ON LIGHTS	ALLUMEZ VOS PHARES
WATCH OUT FOR CHILDREN	ATTENTION AUX ENFANTS

Coiffeur

hairdresser *(femmes)*	hairdrèsseu
barber *(hommes)*	bâbeu

En situation

Pouvez-vous m'indiquer un salon de coiffure ?
Where can I find a hairdresser ?
wair kann aï fa**ï**nnd e'**h**airdrèsseu ?

Je voudrais une **coloration** en brun... châtain... noir...
roux... une teinture au henné... une décoloration.
I'd like a brown... chesnut... black... red... tint... a henna
dye... a bleach.
aïd laïk e'bra**oun**... tchèssneutt... blak... rèd... tinnt... e'hèneu
daï... e'blïtch.

Combien vous dois-je ?
How much do I owe you ?
ha-au m**A**tch dou aï **O** you ?

Ne **coupez** pas trop **court**.
Don't make it too short.
d**O**nnt maïk itt tou cha**u**tt.

L'**eau** est trop chaude... trop froide.
The water's too hot... too cold.
ze wa**u**teuz tou h**o**tt... tou k**O**ld.

Avez-vous une **manucure** ?
Do you have a manicurist ?
dou you h**a**v e'**m**anikiourist ?

Je ne **veux pas de gel**... ni de laque.
I dont want any hair gel... or lacquer.
aï d**O**nnt w**a**nnt **è**ni hair dj**è**l... or lakeu.

Quel est le **prix** d'une coupe... d'une mise en plis... d'une permanente ?
How much is a hair cut... a setting... a perm ?
ha-au mAtch iz e'hair kAtt... e'sètinn... e'peum ?

Je voudrais me faire **raser**.
I'd like a shave.
aïd laïk e'cheïv.

Je voudrais un **rendez-vous**.
I'd like an appointment.
aïd laïk eun appoïnntmeunt.

Faites-moi un **shampooing**... un brushing.
Give me a shampoo... a brush dry.
guiv mï e'chammpou... e'brAch draï.

Vocabulaire

Au-dessus	Above	ebAv
Blond	Blond	blonnd
Boucles	Curls	keulz
Brosse	Brush	brAch
Brun	Brown	braoun
Brushing	Brush dry	brAch draï
Casque	Hair dryer	hair draïeu
Châtain	Chesnut	tchèssneutt
Cheveux	Hair	hair
— gras	Greasy hair	grïssi hair
— ondulés	Wavy hair	weïvi hair
— raides	Straight hair	streïtt hair
— secs	Dry hair	draï hair
Chignon	Chignon	chignon
Ciseaux	Scissors	sizeuz
Clair	Fair, light	fair, laïtt
Coupe	Cut	kAtt
Couper	(to) Cut	kAtt
Court	Short	chautt
Crêper	(to) Backcomb	bak-kOmm
Derrière	Behind	bihaïnnd

Devant	In front	inn frAnnt
Doux	Soft	soft
Froncé	Dark	dâk
Frange	Fringe	frïnndj
Front	Forehead	fauhèd
Friction	Friction	frikcheunn
Laque	Lacquer	lakeu
Long	Long	lonng
Manucure	Manicure	manikiour
Mèche	Lock	lok
Mise en plis	Setting	sètinn
Nacré	Pearly	peuli
Nuance	Shade	cheïd
Nuque	Nape	neïp
Ondulations	Waves	weïvz
Oreilles	Ears	ieuz
Pédicure	Pedicure	pédikiour
Peigne	Comb	kOmm
Permanente	Perm	peum
Perruque	Wig	wig
Poil	Hair	hair
Raie	Parting	pâtinn
Raser	(to) Shave	cheïv
Rasoir	Razor	reïzeu
Retouche	Trim	trim
Savon	Soap	sOp
Séchoir	Dryer	draïeu
Shampooing	Shampoo	chammpou
Teinture	Tint	tinnt
Vernis	Varnish	vânich

Crémerie

dairy   dèri

Les Anglais consomment généralement du beurre demisel, mais on peut, dans la plupart des grandes villes, trouver un excellent beurre doux provenant du Danemark. Si vous êtes amateur de lait, sachez que le « jersey full cream » (lait entier), dont on distingue clairement la crème dans la bouteille, est considéré comme le meilleur. Il existe de nombreux et excellents fromages régionaux tels le « chester », le « cheddar » et le « caerphilly » ; si vous aimez les fromages forts, goûtez le fameux « stilton ».

Il y a peu de fromages régionaux aux États-Unis, mais vous trouverez, dans les grandes villes, un choix très varié de fromages du monde entier. Les Américains sont de grands consommateurs de produits laitiers.

L'indispensable

Bonjour !*
Good morning... good afternoon... good evening !
goud **mau**ninn... goud **â**fteun**ou**n... goud ïvninn !

Je voudrais **acheter**...
I want to buy...
aï **wa**nnt tou **baï**...

J'**aimerais**...
I'd like...
aïd la**ïk**...

Auriez-vous... ?
Do you have... ?
dou you h**av**... ?

* En Angleterre et aux États-Unis on spécifie le moment de la journée : matin, après-midi, soir.

Cela me **convient**.
That suits me.
zatt si**ou**ts m**ï**.

Combien cela **coûte**-t-il ?
How much does this cost ?
ha-au m**A**tch d**A**z ziss k**o**st ?

Puis-je **goûter** ?
May I taste ?
me**ï** a**ï** te**ï**st ?

Pouvez-vous me **montrer** autre chose ?
Can you show me something else ?
kann you ch**O** m**ï** s**A**mt'hinn **è**ls ?

Merci, au revoir !
Thank you, good bye !
t'h**a**nnk you, goud ba**ï** !

Vocabulaire

Beurre doux	Unsalted butter	Anns**au**lt'd b**A**teu
— salé	Butter	b**A**teu
Bouteille	Bottle	b**o**t'l
Crème	Cream	kr**ï**m
Frais	Fresh	fr**è**ch
Fromage blanc	Cottage cheese	k**o**tidj tch**ï**z
— français	French Cheese	fr**è**ntch tch**ï**z
— local	Local cheese	l**O**k'l tch**ï**z
— râpé	Grated cheese	gr**eï**t'd tch**ï**z
Lait écrémé	Skimmed milk	skimd milk
— entier	Full fat milk	foul f**a**tt milk
— pasteurisé	Pasteurized milk	p**a**steura**ï**zd milk
Litre de...	A pint of...	e'pa**ï**nnt ov
Œufs	Eggs	**è**gz
— (douzaine d')	A dozen eggs	e'd**A**z'n **è**gz
Yaourt	Yoghourt	y**O**gueutt

Cultes

worship   **weu**chip

En situation

Cette église est-elle encore destinée au **culte** ?
Is this church still used for worship ?
iz ziss tch**eu**tch stil **iou**zd fau w**eu**chip ?

Pouvez-vous me dire où se trouve **l'église** la plus
    proche ?... la cathédrale ?
Can you tell me where I can find the nearest church ?...
    the cathedral ?
kann you t**èl** m**ï** w**air** a**ï** kann fa**ïn**nd ze nieur**è**st tch**eu**tch... ze
    ket'hidreul ?

Quel est l'**horaire des offices** ?
At what time are the services ?
att watt ta**ïm** ar ze s**eu**vissiz ?

Y a-t-il des **offices** chantés ?
Are there sung services ?
ar zair s**eu**nng s**eu**vissiz ?

A quelle heure l'église est-elle **ouverte** au public ?
At what time is the church open to the public ?
att watt ta**ïm** iz ze tch**eu**tch **O**p'n tou ze p**A**blik ?

Je cherche un **pasteur**... un **prêtre**... un **rabbin** parlant
    français.
I'm looking for a French speaking pastor... priest... rabbi.
a**ïm lou**kinn fau e'fr**è**ntch sp**ï**kin p**â**steu... pr**ï**st... r**a**ba**ï**.

Vocabulaire

Anglican	Anglican	**a**nnglikeun
Cathédrale	Cathedral	ket'hidreul

Chapelle	Chapel	tch**a**p'l
Chrétien	Christian	kr**i**stieunn
Confession (des péchés)	Confession	konnf**eï**cheunn
Confession	Faith	f**eï**t'h
Culte	Worship	w**eu**chip
Dieu	God	g**o**d
Divin	Divine	div**aï**nn
Dogme	Dogma	d**o**gmeu
Église	Church	tch**eu**tch
Hérésie	Heresy	h**é**ressi
Israélite	Israelite	**i**zreulaïtt
Juif	Jew	dj**ou**
Messe	Mass	m**a**ss
Mosquée	Mosque	m**o**sk
Musulman	Muslim	m**ou**slim
Office	Service	s**eu**viss
Orthodoxe	Orthodox	**au**t'hedox
Payen	Pagan	p**eï**geunn
Pasteur	Pastor, minister	p**â**steu, m**i**nisteu
Prêtre	Priest	pr**ï**st
Presbytère	Presbytery	pr**è**zbiteri
Prière	Prayer	pr**eï**eu
Profane	Profane	pref**eï**nn
Prophète	Prophet	pr**o**phitt
Protestant	Protestant	pr**o**tisteunt
Quête	Collection	kel**è**kcheunn
Rabbin	Rabbi	rab**aï**
Religion	Religion	ril**i**dj'n
Saint	Saint	s**eï**nnt
Secte	Sect	s**è**kt
Sermon	Sermon	s**eu**m'n
Synagogue	Synagogue	s**i**negog
Temple	Temple	t**è**mp'l

Distractions

amusement   emi**ou**zmeunt

SPECTACLES

entertainment   ènteute**ï**nn-meunt

En situation

A quelle heure **commence** le concert... le film... la pièce ?
At what time does the concert... the film... the play... start ?
att w**a**tt t**a**ïm dAz ze k**o**nnseutt... ze f**i**lm... ze pl**eï**... st**â**t ?

Combien **coûtent** les places ?
How much are the seats ?
ha-au m**A**tch ar ze s**ï**ts ?

Peut-on **danser** toute la nuit, dans cette boîte ?
Can we dance all night in this club ?
kann wï d**â**nns aul n**a**ïtt inn ziss kl**A**b ?

Que **donne**-t-on, ce soir, au cinéma... au concert... au théâtre ?
What's on tonight at the cinema... at the concert... at the theater ?
watts onn tou n**a**ïtt att ze c**i**nemeu... att ze k**o**nnseutt... att ze t'hi**eu**teu ?

Le **film** est-il sous-titré... le film est-il en version originale ?
Is the film subtitled... is the film in it's original version ?
iz ze film s**A**btaït'ld... iz ze f**i**lm inn its eur**i**djin'l v**eu**cheunn ?

Quel est le **groupe**... la troupe qui joue ce soir ?
Which group... company is playing tonight ?
witch gr**ou**p... k**A**mmpeni iz pl**eï**nn tou naïtt ?

A quelle heure **ouvrent** les boîtes de nuit... les cabarets... les discothèques ?
What time do the night clubs... the cabarets... the discotheques open ?
watt t**a**ïm dou ze n**a**ïtt kl**A**bz... ze k**a**bereï... ze d**i**skotèks **O**p'n ?

Nous avons besoin d'un **partenaire** pour jouer.
We need a partner to play.
wï nïdd e'pâtneu tou pleï.

Est-ce un spectacle **permanent** ?
Is it a permanent show ?
iz itt e'peumaneunt chO ?

Je voudrais une... deux **places**...
I'd like one... two seats...
aïd laïk wAnn... tou sïts...

Avez-vous le **programme** des spectacles ?
Do you have an entertainment guide ?
dou you hav eun ènteuteïnn-meunt gaïd ?

Où peut-on **réserver** des places ?
Where can we book some seats ?
wair kann wï bouk sAm sïts ?

Pouvez-vous m'indiquer les **salles de jeux**... le casino ?
Where can I find the gaming rooms... the casino ?
wair kann aï faïnnd ze gueïminn roumz... ze kessinO ?

Faut-il une **tenue de soirée** ?
Is evening dress required ?
iz ïvninn drèss rikwaïd ?

Vocabulaire

Acte	Act	akt
Acteur	Actor	akteu
Actrice	Actress	aktriss
Amusant	Amusing	emiouzinn
Artiste	Artist	âtist
Auteur	Author	aut'heu
Balcon	Dress circle	drèss seuk'l
Ballet	Ballet	baleï
Billard	Billiards	bilieudz
Billet	Ticket	tikitt
Boîte de nuit	Night-club	naïtt klAb
Bridge	Bridge	bridj

Cabaret	Cabaret	kabereï
Cantatrice	Singer	sinngueu
Cartes (jeu de)	Card game	kâd gueïm
Casino	Casino	kessinO
Chanteur	Singer	sinngueu
Chef d'orchestre	Conductor	konndAkteu
Cinéma	Cinema	cinemeu
	(*US* : movie house)	mouvi haouss
— de plein air	Open air cinema	Op'n air cinemeu
	(*US* : Drive-in)	draïvinn
Cirque	Circus	seukeuss
Comédie	Comedy	komidi
COMPLET	FULL	foul
Compositeur	Composer	kommpOzeu
Concert	Concert	konnseutt
Costumes	Costumes	kostioumz
Coulisses	Wings	winng
Critique	Critic	kritik
Dames (jeux de)	Draughts	drâfts
	(*US* : Checkers)	tchèkeuz
Danse	Dance	dânns
— classique	Classical dance	klassik'l dânns
— folklorique	Folk dance	faulk dânns
Danseur	Dancer	dânnseu
Décor	Scenery	sïneri
Dés (jeu de)	Dice	daïss
Distraction	Amusement	emiouzmeunt
Divertissant	Amusing	emiouzinn
Documentaire	Documentary	dokioumènteri
Drame	Drama	drâmeu
Drôle	Funny	fAni
Écouter	(to) Listen	liss'n
Échecs (jeu d')	Chess	tchèss
Écran	Screen	skrïnn
Entracte	Interval	innteuv'l
ENTRÉE	WAY IN	waï inn
Fauteuil d'orchestre	Orchestra stall	aukestra staul
FERMÉ	CLOSED	klOzd
File d'attente	Queue	kiou

Gagner	(to) Win	wïnn
Galerie	Gallery, dress circle	galeri, drèss seuk'l
Gai	Gay, jolly	gueï, djoli
Gradin	Tiers	tieuz
Groupe	Group	group
Guichet	Counter	kaounteu
Hall	Hall	haul
Intéressant	Interesting	inntristinn
Jeton	Chip	tchip
Jeux (maison de)	Gaming house	gueïminn haouss
— de hasard	Games of chance	gueïmz ov tchanns
Jouer	(to) Play	pleï
Lecture	Reading	rïdinn
Livret	Handbook	handbouk
Loge	Stage box	steïdj box
Loto	Bingo, lotto	binngO, lotO
MATINÉE	MATINEE	matineï
Metteur en scène	Producer, director	prodiousseu, dirèkteu
Musiciens	Musicians	miouzicheunn
Opéra	Opera	opeura
Opérette	Musical comedy	miouzik'l komidi
Parterre	Pit	pitt
Partie	Game	gueïm
Perdre	(to) Lose	louz
Permanent	Permanent, non stop	peumaneunt, nonn stop
Pièce	Play	pleï
Pion	Pawn	paunn
Piste	Track	trak
— de danse	Dance floor	danns flau
Poulailler	Gallery	galeri
Programme	Programme	prOgram
Rang	Row	rO
Représentation	Performance	peufaumeuns
Réservation	Booking	boukinn
	(*US* : Reservation)	rèzeveïcheunn
Réserver	(to) Book	bouk
	(*US* : Reserve)	rizeuv
Revue	Revue	riviou
Rideau	Curtain	keut'n

Rôle	Role, part	rOl, pâtt
Roulette (jeu)	Roulette	roulètt
Salle	Auditorium, house	auditaurieum, haouss
Scène	Scene, stage	sïnn, steïdj
SOIRÉE	EVENING	ïvninn
Sous-titres	Subtitles	sAbtaït'lz
Succès	Success	seuksèss
Tragédie	Tragedy, drama	tradjidi, drâmeu
Triste	Sad	sad
Vedette	Star	stâr
Version originale	Undubbed	AnndAbd

Douane

En situation

Je n'ai que des **affaires personnelles**.
I only have my personal belongings.
aï Onnli hav maï peusn'l bilonnguïnns.

Ce **bagage** n'est pas à moi.
This luggage (*US* : baggage) doesn't belong to me.
ziss lAguidj (baguidj) dAz'nt bilonng tou mï.

Il y a seulement quelques **cadeaux**.
There are only a few presents.
zair ar Onnli e'fiou préz'nts.

Excusez-moi, je ne **comprends** pas.
I'm sorry, I don't understand.
aïm sori, aï dOnnt Anndeustannd.

Je n'ai rien à **déclarer**.
I have nothing to declare.
aï hav nAt'hinn tou diklair.

J'ai oublié les papiers de **dédouanement** de mon
    appareil photo.
I've forgotten the customs paper for my camera.
aïv feugott'n ze kAstemz peïpeu fau maï kamera.

Pourriez-vous m'aider à remplir le **formulaire** ?
Could you help me to fill in the form ?
koud you hèlp mï tou fïl inn ze faum ?

> **Où** logerez-vous ?
> Where will you be staying ?
> wair will you bï steïnn ?

Ouvrez le coffre... la valise... le sac...
Open your boot (*US* : Trunk)... your suitcase... your
  bag...
Op'n yau b**o**utt (tr**A**nnk)... yau s**o**utkeïss... yau b**a**g...

Voici les **papiers** de la voiture.
Here are the papers for the car.
h**i**eu ar ze p**eï**peuz fau ze k**â**r.

Puis-je **partir** ?
May I go now ?
m**eï** aï g**O** na-au.

> Vou devez **payer** des droits sur cela.
> You'll have to pay tax on this.
> youl h**a**v tou p**eï** t**a**x onn ziss.

Je **reste** jusqu'à...
I'm staying till...
aïm st**eï**nn til...

Je suis **touriste**.
I'm a tourist.
aïm e't**a**urist.

Je suis en **transit**, je vais à...
I'm in transit, I'm going to...
aïm inn tr**a**nnzitt, aïm g**O**inn tou...

Je **viens** de...
I've come from...
aïv k**A**m from...

Je **voyage pour affaires**.
I'm on a business trip.
aïm onn e'b**i**zniss trip.

Vocabulaire

Adresse	Address	edr**è**ss
Alcool	Alcohol	alkeuhol
Carte grise	Car licence	k**â**r la**ï**sseuns
Cartouche	Carton	k**â**t'n
Célibataire	Unmarried	Annmarid

Certificat d'assurances	Insurance certificate	innch**ou**rèns seut**i**fikeutt
Certificat de vaccination	Vaccination certificate	vaxine**ï**cheunn seut**i**fikeutt
Choléra	Cholera	k**o**leura
Cigarettes	Cigarettes	siguer**è**tts
CONTRÔLE DES PASSEPORTS	PASSPORT CONTROL	p**â**sspautt konntr**O**l
Date de naissance	Date of birth	d**e**ïtt ov b**eu**t'h
Domicile	Residence	r**é**zideuns
Douane	Customs	k**A**stemz
Droits de douane	Customs tax	k**A**stemz t**a**x
Fièvre jaune	Yellow fever	i**è**lO f**i**veu
Lieu de naissance	Place of birth	pl**e**ïss ov b**eu**t'h
Marié	Married	m**a**rid
Nom de jeune fille	Maiden name	m**e**ïd'n n**e**ïm
Parfum	Perfume	peuf**iou**m
Passeport	Passport	p**â**sspautt
Permis de conduire	Driving licence	dr**a**ïving l**a**ïsseuns
Pièces d'identité	Identity papers	a**ï**d**è**ntiti p**e**ïpeuz
Plaque d'immatriculation	Number plate	n**A**mmba pl**e**ïtt
Profession	Profession	prof**è**cheunn
Retraité	Retired	rit**a**ïd
Sexe	Sex	s**e**x
Souvenirs	Souvenirs	souven**i**euz
Tabac	Tobacco	teb**a**kO
Variole	Smallpox	sm**au**lpox
Vin	Wine	w**a**ïnn

Épicerie

groceries   gr**O**sseriz
BOISSONS
drinks   dr**i**nnks

L'indispensable

Bonjour !*
Good morning... good afternoon... good evening !
goud m**au**ninn... goud **â**fteun**ou**n... goud **ï**vninn !

Je voudrais **acheter**...
I want to buy...
aï w**a**nnt tou b**aï**...

J'**aimerais**...
I'd like...
aïd l**aï**k...

Auriez-vous... ?
Do you have... ?
dou you h**a**v... ?

Avez-vous un **article** meilleur marché ?
Do you have something cheaper ?
dou you h**a**v s**A**mt'hinn tch**ï**peu ?

Pouvez-vous me montrer **autre chose** ?
Can you show me something else ?
kann you ch**O** mï s**A**mt'hinn **è**ls ?

Cela me **convient**.
That suits me.
zatt s**iou**ts mï.

Combien cela **coûte**-t-il ?
How much does this cost ?
ha-au m**A**tch d**A**z ziss k**o**st ?

* En Angleterre et aux États-Unis on spécifie le moment de la journée :
matin, après-midi, soir.

Plus grand... **plus** petit.
Larger... smaller.
lâdjeu... smauleu.

Merci, au revoir !
Thank you, good bye !
t'hannk you, goud baï !

Vocabulaire

Apéritif	Aperitif	epèritiv
Biscotte	Rusk	rAsk
Biscuit	Biscuit	biskitt
Boîte de...	Tin (*US :* Can) of...	tinn (kann) ov...
— de carottes	— — carrots	— — kareuts
— de haricots en grains	— — beans	— — bïnnz
— de haricots verts	— — green beans (French beans)	— — grïnn bïnnz (frèntch bïnnz)
— de lentilles	— — lentils	— — lènt'lz
— de petits pois	— — peas	— — pïz
Bouchon	Cork	kauk
Bouteille	Bottle	bot'l
Café	Coffee	kofi
Carton	Carton	kât'n
Chocolat en poudre	Drinking chocolate	drïnnkinn tchoklitt
— en tablette	Tablet of chocolate	tablitt ov tchoklitt
Confiture	Jam	djam
Eau minérale gazeuse	Sparkling mineral water	spâklinn minereul wauteu
— plate	Mineral water	minereul wauteu
Eau-de-vie	Brandy	branndi
Épices	Spices	spaïssiz
Jus de fruits	Fruit juice	froutt djouss
Lait en boîte	Tin milk	tinn milk
— en poudre	Powdered milk	paouded milk
Limonade	Lemonade	lèmeneïd
Miel	Honey	hAni

Moutarde	Mustard	mAsteud
Panier	Basket	bâskitt
Pâtes	Pasta	pasteu
Poivre	Pepper	pèpeu
Potage	Soup	soup
Riz	Rice	raïss
Sac	Bag	bag
Sachet	Sachet	sacheï
Sel	Salt	sault
Sucre en morceaux	Lump sugar	lAmmp chougueu
— semoule	Caster sugar	kasteu chougueu
Thé noir	Black tea	blak tï
— vert	Green tea	grïnn tï
Vin blanc	White wine	waïtt waïnn
— rouge	Red wine	rèd waïnn
Vinaigre	Vinegar	vinigueu

Expressions usuelles

current expressions kAreunt ixprècheuns

A cause de	Because of	bikoz ov
A côté de	Next to	nèxt tou
A droite	On the right	onn ze raïtt
A gauche	On the left	onn ze lèft
Ainsi	Thus	t'heuss
Alors	So	sO
Ancien	Ancient	eïnncheunt
A peine	Hardly	hâdli
Après	After	âfteu
Assez	Enough	inAf
A travers	Through	t'hrou
Au contraire	To the contrary	tou ze konntreri
Au-dessous	Below, under	bilO, Anndeu
Au-dessus	Above, over	ebAv, Oveu
Au milieu de	In the middle of	inn ze mid'l ov
Autant	As much	az mAtch
Autant que	As much as	az mAtch az
Autour	Around	eraound
Avant	Before	bifau
Avec	with	wiz
Bientôt	Soon	soun
Beau	Beautiful	bioutifoul
Bonjour (matin)	Good morning	goud mauninn
Bon marché	Cheap	tchïp
Bonne nuit	Good night	goud naïtt
Bonsoir	Good evening	goud ïvninn
Ça suffit	That's enough	zatts inAf
Car	Since	sinns
Ce, ceci, cela	This, that	ziss, zatt
Cela m'est égal	I don't care	aï dOnnt kair
Cela va de soi	That's obvious	zatts obvieuss

Celui-ci, celle-ci	This one	ziss wAnn
Ceux-ci, celles-ci	These	zïz
Cependant	However	haouèveu
Certainement	Of course	ov kauss
C'est	It's	its
Ce n'est pas	It isn't	itt iz'nt
C'est à moi	It's mine	its maïnn
C'est à lui	It's his	its hiz
C'est à elle	It's hers	its heuz
Cet, cette	This, that	ziss, zatt
Chacun	Each one	ïtch wAnn
Chaque	Each	ïtch
Chaud	Hot	hott
Cher	Expensive	ixpènsiv
Combien ?	How much ?	ha-au mAtch
Comment ?	How ?	ha-au
Comprends (je)	I understand	aï Anndeustannd
Comprends pas (je ne)	I don't understand	aï dOnnt Anndeustannd
D'accord	O.K., alright	Okeï, aulraïtt
Davantage	More	maur
Debout	Standing	stanndinn
Dedans	Inside	innsaïd
Dehors	Outside	aoutsaïd
Déjà	Already	aulrèdi
Depuis	Since	sinns
Derrière	Behind	bihaïnnd
Dessous	Under	Anndeu
Dessus	Above	ebAv
De temps en temps	From time to time	from taïm tou taïm
Devant	In front of	inn frAnnt ov
Difficile	Difficult	difikeult
En arrière	Backward	bakweud
En avant	Forward	fauweud
En bas	Below	bilO
En dehors	Aside	essaïd
En effet	Effectively	ifèktivli
En face de	Facing	feïssinn

En haut	Above	eb**A**v
Est-ce	Is it	**i**z itt
Est-ce pas (n')	Isn't it	**i**z'nt itt
Et	And	**a**nnd
Facile	Easy	**ï**zi
Faim (j'ai)	I'm hungry	aïm h**eu**ngri
Fatigué (je suis)	I'm tired	aïm t**aï**r'd
Faux	False	f**au**ls
Fermé	Closed	kl**O**zd
Froid	Cold	k**O**ld
Gentil	Kind	k**aï**nnd
Grand	Large, tall, big	l**â**dj, t**au**l, b**i**g
Ici	Here	h**i**eu
Il y a	There is, there are	zair **i**z, zair **a**r
Il n'y a pas	There isn't, there aren't	zair **i**z'nt, zair **a**r'nt
Importance (sans)	No importance	n**O** imm**pau**teuns
Important (c'est)	It's important	its imm**pau**teunt
Impossible (c'est)	It's impossible	its imm**po**sseub'l
Jamais	Never	n**è**veu
Jusqu'à	Until	**A**nntil
Jeune	Young	y**A**nng
Juste	Right, just	r**aï**tt, dj**eu**st
Là	There	z**ai**r
Là-bas	Over there	**O**veu zair
Laid	Ugly	**A**gli
Léger	Light	l**aï**tt
Lequel, laquelle, lesquel(le)s	Which	w**i**tch
Loin	Far	f**â**r
Longtemps	For a long time	fau e'l**o**nng t**aï**m
Lourd	Heavy	h**è**vi
Maintenant	Now	na-**au**
Malgré	Despite	disp**aï**tt
Mauvais	Bad	b**a**d
Méchant	Nasty	n**â**sti
Meilleur	Better	b**ê**ta
Meilleur (le)	The best	ze b**è**st
Non	No	n**O**
Nouveau	New	ni**ou**

Ou	Or	**or**
Où	Where	w**ai**r
Ou bien	Or else	or **è**ls
Oui	Yes	y**è**ss
Ouvert	Open	**O**p'n
Par	Through	t'h**rou**
Parce que	Because	bik**o**z
Par exemple	For example	fau ix**a**mmp'l
Parfois	Sometimes	s**A**mtaïmz
Par ici	Over here	**O**ver hieu
Parmi	Among	em**A**nng
Partout	Everywhere	**è**vriwair
Pas assez	Not enough	nott in**A**f
Pas du tout	Not at all	nott **a**tt **au**l
Pas encore	Not yet	nott y**è**tt
Pas tout à fait	Not quite	nott kw**aï**tt
Pendant	During	di**ou**rinn
Petit	Small, little	sm**au**l, lit'l
Peu	Little, few	lit'l, f**iou**
Peut-être	Perhaps	peuhaps
Pire	Worse	w**eu**rss
Pire (le)	The worst	ze w**eu**rst
Plusieurs fois	Several times	s**è**vr'l t**aï**mz
Pour	For	f**au**
Pourquoi ?	Why	w**aï**
Près	Close	kl**O**z
Presque	Almost	**au**lm**O**st
Puis-je ?	May I ?	m**eï** aï
Pouvez-vous ?	Can you ?	k**a**nn you
Quand ?	When ?	w**è**nn
Quel, quelle, quel(le)s ?	Which ?	w**i**tch
Quelquefois	Sometimes	s**A**mtaïmz
Qui ?	Who ?	h**ou**
Quoi ?	What ?	w**a**tt
Quoique	Whatever	watt**è**veu
Sans	Without	wiz**aou**tt
Sans doute	Doubtless	d**aou**tlissli
Si	If	**i**f

Sommeil (j'ai)	I'm sleepy	aïm slípi
Sous	Under	**A**nndeu
Sous peu	Shortly, soon	ch**au**tli, s**ou**n
Sur	On	**o**nn
Tant	So much	s**O** m**A**tch
Tant mieux	It's all for the better	its **au**l fau ze b**é**teu
Tant pis	Never mind	n**è**veu m**aï**nnd
Tard	Late	l**eï**tt
Temps (je n'ai pas le)	I'v no time	aïv n**O** t**aï**m
Tôt	Early	**eu**rli
Tout de suite	At once	att w**A**nns
Très	Very	v**è**ri
Très bien, merci	Very well, thank you	v**è**ri w**e**l t'h**a**nnk you
Trop	Too much	tou m**A**tch
Urgent (c'est)	It's urgent	its **eu**djeunt
Vers	Towards	touw**au**dz
Veux pas (je ne)	I don't want	aï d**O**nnt w**a**nnt
Vieux	Old	**O**ld
Vis-à-vis	As regards	az rig**â**dz
Vite	Quickly	kw**i**kli
Volontiers	With pleasure	wiz pl**è**jeur
Voici	Here is, here are	h**i**eu iz, h**i**eu ar
Y a-t-il ?	Is there, are there ?	iz z**ai**r, ar z**ai**r

Famille

family famili
PARENTÉ
relationship rile**ï**cheunnchip

Vocabulaire

Adultes	Adults	ad**A**lts
Beau-frère	Brother-in-law	br**A**zeu inn l**au**
Beau-père	Father-in-law	f**â**zeu inn l**au**
Belle-sœur	Sister-in-law	sisteu inn l**au**
Belle-mère	Mother-in-law	m**A**zeu inn l**au**
Célibataire	Unmarried	Annmarid
Cousin	Cousin	k**A**z'n
Décès	Death	d**è**t'h
Descendants	Descendants	dis**è**ndeuntss
Divorce	Divorce	div**au**ss
Enfants	Children	tchildreunn
Famille	Family	famili
Femme (générique)	Woman	w**ou**meunn
Femme (épouse)	Wife	w**aï**f
Fiançailles	Engagement	inng**eï**djmeunt
Fiancé(e)	Fiancé(e)	fiancé
Fille	Daughter, girl	d**au**teu, gu**eu**l
Fils	Son	s**A**nn
Frère	Brother	br**A**zeu
Garçon	Boy	b**oï**
Gendre	Son-in-law	s**A**nn inn l**au**
Grand-mère	Grandmother	grann-m**A**zeu
Grand-père	Grandfather	grannf**â**zeu
Grands-parents	Grandparents	grann**pai**reuntss
Homme	Man	mann
Mariage	Marriage	maridj
Mari	Husband	h**A**sbeund

Marié(e)	Bridegroom, bride	braïdgroum, braïd
Mère	Mother	mAzeu
Naissance	Birth	beut'h
Neveu	Nephew	nèfiou
Nièce	Niece	nîss
Nom	Name	neïm
Nourrisson	Newborn	nioubaun
Oncle	Uncle	Annk'l
Parents (père, mère)	Parents	paireuntss
Père	Father	fâzeu
Petite-fille	Granddaughter	grann-dauteu
Petit-fils	Grandson	grann-sAnn
Prénom	Christian name	kristieunn neïm
Séparé	Separated	sépereït'd
Sœur	Sister	sisteu
Tante	Aunt	ânnt

Fleuriste

florist   florist

L'indispensable

Bonjour !*
Good morning... good afternoon... good evening !
goud **mau**ninn... goud **âf**teun**ou**n... goud **ï**vninn !

Je voudrais **acheter**...
I want to buy...
aï w**a**nnt tou b**aï**...

J'**aimerais**...
I'd like...
aïd l**aïk**...

Auriez-vous... ?
Do you have... ?
dou you h**a**v... ?

Cela me **convient**.
That suits me.
zatt s**iou**ts mï.

Combien cela **coûte**-t-il ?
How much does this cost ?
h'a-au m**A**tch d**A**z ziss k**o**st ?

Avez-vous des **fleurs** meilleur marché ?
Do you have cheaper flowers ?
dou you h**a**v tch**ï**peu fl**a**oeuz ?

Pouvez-vous me **montrer** autre chose ?
Can you show me something else ?
kann you ch**O** mï s**A**mt'hinn **è**ls ?

* En Angleterre et aux États-Unis on spécifie le moment de la journée :
matin, après-midi, soir.

Plus grand... **plus** petit.
Larger... smaller.
lâdjeu... smauleu.

> Merci, au revoir !
> Thank you, good bye !
> t'hannk you, goud baï !

En situation

> Où puis-je trouver une fleuriste ?
> Where can I find a florist ?
> wair kann aï faïnnd e'florist ?

Faites-moi un **bouquet** de fleurs de saison.
I'd like a bunch of seasonal flowers.
aïd laïk e'bAnnch ov sizeun'l flaoeuz.

Pouvez-vous les **envoyer** à l'adresse suivante ?
Can you send them to the following address ?
kann you sènd zèm tou ze folOwinn edrèss ?

Raccourcissez les tiges, s'il vous plaît.
Please cut the stems.
plïz kAtt ze stèmz.

Vocabulaire

Bouquet	Bunch	bAnnch
Corbeille de fleurs	Basket of flowers	bâskitt ov flaoeuz
Demi-douzaine	Half a dozen	hâf e'dAz'n
Douzaine	Dozen	dAz'n
Feuille	Leaf	lïf
Feuillage	Greenery	grïneri
Fleurs	Flowers	flaoeuz
Gerbe	Wreath	rït'h
Mélange (de fleurs)	Mixed bunch	mixt bAnnch
Plante verte	Plant	plannt
Quelques fleurs	Some flowers	sAm flaoeuz
Tige	Stem	stèm
Vase	Vase	vâz

Fruits et légumes

fruit and vegetables   froutt annd vèdjetèb'lz

L'indispensable

Bonjour !*
Good morning... good afternoon... good evening !
goud mauninn... goud âfteunoun... goud ïvninn !

Je voudrais **acheter**...
I want to buy...
aï wannt tou baï...

J'**aimerais**...
I'd like...
aïd laïk...

Auriez-vous... ?
Do you have... ?
dou you hav... ?

Cela me **convient**.
That suits me.
zatt siouts mï.

Combien cela **coûte**-t-il ?
How much does this cost ?
ha-au mAtch dAz ziss kost ?

Pouvez-vous me **montrer** autre chose ?
Can you show me something else ?
kann you chO mï sAmt'hinn èls ?

Avez-vous une **qualité** meilleur marché ?
Do you have a cheaper quality ?
dou you hav e'tchïpeu kwoliti ?

* En Angleterre et aux États-Unis on spécifie le moment de la journée :
matin, après-midi, soir.

Merci, au revoir !
Thant you, good bye !
t'hannk you, goud baï !

Vocabulaire

Abricot	Apricot	eïprikott
Ail	Garlic	gâlik
Ananas	Pineapple	païnap'l
Artichaut	Artichoke	âtitchOk
Asperge	Asparagus	euspareugueuss
Aubergine	Eggplant	èg-plannt
Avocat	Avocado	avekâdO
Banane	Banana	benâneu
Betterave	Beetroot	bïtroutt
Botte de...	Bunch of...	bAnnch ov
Carotte	Carrot	kareutt
Cerise	Cherry	tchèri
Champignon	Mushroom	mAchroum
Chicorée	Chicory	tchïkeri
Chou	Cabbage	kabidj
Chou-fleur	Cauliflower	koliflaweu
Choux de Bruxelles	Brussel sprouts	brAss'l spraoutts
Citron	Lemon	lèm'n
Concombre	Cucumber	kioukAmmbeu
Courgette	Courgette	kourgètt
Endive	Endive	èndaïv
Épinard	Spinach	spinidj
Figue	Fig	fig
Fines herbes	Herbs	heurbz
Frais	Fresh	frèch
Fraise	Strawberry	strauberi
Framboise	Raspberry	râzberi
Haricots en grains	Beans	bïnnz
— verts	French beans	frèntch bïnnz
Laitue	Lettuce	lètiss
Lentilles	Lentils	lènt'lz
Mandarine	Tangerine	tanndjeurïnn

Melon	Melon	mèl'n
Mûre	Blackberry	blakberi
Myrtille	Bilberry	bilberi
Navet	Turnip	teunip
Noix	Walnuts	waulnAtts
Oignon	Onion	Anieunn
Orange	Orange	orinndj
Pamplemousse	Grapefruit	greïpfroutt
Pêche	Peach	pïtch
Persil	Parsley	pâsli
Petits pois	Peas	pïz
Poireau	Leek	lïk
Poivron	Pepper	pèpeu
Pomme	Apple	ap'l
Pomme de terre	Potatoe	peteïtO
Prune	Plum	plAmm
Radis	Radish	radich
Raisin	Grape	greïp
Salade	Salad	salad
Sucré	Sweet	swïtt
Tomate	Tomatoe	temâtO

Habillement

clothing   klOzinn

L'indispensable

Bonjour !*
Good morning... good afternoon... good evening !
goud **mau**ninn... goud **â**fteun**ou**n... goud ïvninn !

Je voudrais **acheter**...
I want to buy...
aï w**a**nnt tou b**aï**...

J'**aimerais**...
I'd like...
aïd l**aï**k...

Avez-vous un **article** meilleur marché ?
Do you have something cheaper ?
dou you h**a**v s**A**mt'hinn tch**ï**peu ?

Auriez-vous... ?
Do you have... ?
dou you h**a**v... ?

Acceptez-vous les **cartes de crédit**... les traveller's
   chèques ?
Do you accept credit cards... traveller's checks ?
dou you eks**è**pt kr**é**ditt k**â**dz... travleuz tch**è**ks ?

Cela me **convient**.
That suits me.
zatt s**iou**ts mï.

Combien cela **coûte**-t-il ?
How much does this cost ?
ha-au m**A**tch dAz ziss k**o**st ?

* En Angleterre et aux États-Unis on spécifie le moment de la journée :
matin, après-midi, soir.

Puis-je **essayer** ?... **échanger** ?
May I try ?... exchange ?
meï aï traï... ixtcheïndj ?

Moins cher... **plus** grand... **plus** petit.
Cheaper... larger... smaller.
tchïpeu... lâdjeu... smauleu.

Pouvez-vous me **montrer** autre chose ?
Can you show me something else ?
kann you chO mï sAmt'hinn èls ?

Merci, au revoir !
Thank you, good bye !
t'hannk you, goud baï !

En situation

Où peut-on trouver un magasin de prêt-à-porter ?
Where can I find a ready-to-wear shop ?
wair kann aï faïnnd e'rèdi tou wair chop ?

Je voudrais un **costume** coupé suivant ce modèle... dans
ce tissu.
I want a suit cut according to this model... in this
material.
aï wannt e'soutt kAtt ekaudinn tou ziss mod'l... inn ziss
metieurieul.

Cette chemise est **étroite**.
This shirt is narrow.
ziss cheurt iz narO.

Prenez mes **mesures**, s'il vous plaît.
Can you take my measurements please.
kann you teïk maï mèjeumeuntss plïz.

Quel type de **nettoyage** conseillez-vous ?
What sort of cleaning do you advise ?
watt sautt ov klïninn dou you edvaïss ?

Il faudrait **raccourcir** les manches.
The sleeves will have to be shortened.
ze slïvz will hav tou bï chautt'nd.

Ce pantalon ne **tombe** pas bien.
These trousers don't hang well.
zïz traouzeuz dOnnt hanng wèl.

Vocabulaire

Anorak	Anorak	**aneurak**
Bas	Stocking	**stokinn**
Beige	Beige	**beïj**
Blanc	White	**waïtt**
Bleu ciel	Sky blue	**skaï blou**
Bleu marine	Navy blue	**neïvi blou**
Blouson	Blazer, jacket	**bleïzeu, djakitt**
Bonnet	Bonnet	**bonitt**
Bouton	Button	**bAt'n**
Bretelle	Braces, straps	**breïssiz, straps**
Caleçon	Undepants	**Anndeupannts**
Casquette	Cap	**kap**
Ceinture	Belt	**bèlt**
Centimètre	Centimetre	**sèntimïteu**
Chapeau	Hat	**hatt**
Chaussettes	Socks	**soks**
Chemise	Shirt	**cheurt**
Chemisier	Blouse	**blaouz**
Clair	Pale	**peïl**
Col	Collar	**koleu**
Collant	Tights	**taïtts**
Corsage	Corsage	**kaussaj**
Costume	Suit	**soutt**
Couleur	Colour	**kAleu**
Couper	(to) Cut	**kAtt**
Court	Short	**chautt**
Coton	Cotton	**kot'n**
Cravate	Tie	**taï**
Culotte	Briefs, panties	**brïfs, panntiz**
Cuir	Leather	**lèzeu**
— (manteau de)	Leather coat	**lèzeu kOtt**
Déchiré	Torn	**taunn**

Doublure	Lining	laïninn
Écharpe	Scarf	skâf
Emmanchures	Armholes	âmhOlz
Épingle	Pin	pïnn
— de sûreté	Safety pin	seïfti pïnn
Essayer	(to) Try	traï
Étroit	Narrow	narO
Fabrication locale	Made locally	meïd lOkeuli
Facile à entretenir	Easy to clean	ïzi tou klïnn
Fait main	Hand made	hannd meïd
Fantaisie	Fancy	fannsi
Fermeture à glissière	Zip	zip
Feutre	Felt	fèlt
Fil	Thread	t'hrèd
— à coudre	Sewing thread	sOinn t'hrèd
Foncé	Dark	dâk
Foulard	Scarf	skâf
Gabardine	Gabardine	gabedïnn
Gants	Gloves	glAvz
Garanti	Guarantee	gareuntï
Grand	Large	lâdj
— teint	Colour fast	kAleu fâst
Gris	Grey	greï
Habit	Costume	kostioum
Imperméable	Raincoat	reïnnkOtt
Jaune	Yellow	yélo
Jupe	Skirt	skeutt
Jupon	Petticoat	pètikOtt
Laine	Wool	woul
Lavable en machine	Machine washable	mechïnn wocheb'l
Lavage à la main	Hand wash	hannd woch
Léger	Light	laïtt
Long	Long	lonng
Lourd	Heavy	hèvi
Maillot de bain	Swimming suit	swiminn soutt
— de corps	Vest	vèst
Manche	Sleeve	slïv

Manteau	Coat	kOtt
Mode	Mode	mOd
Mouchoir	Handkerchief	hannkeutchif
Nettoyer	(to) Clean	klïnn
Noir	Black	blak
Pantalon	Trousers	traouzeuz
Parapluie	Umbrella	**A**mmbréleu
Poche	Pocket	pokitt
Prêt-à-porter	Ready-to-wear	rèdi tou wair
Pull-over	Sweater	swèteu
Pyjama	Pijama	pidjâmeu
Qualité	Quality	kwoliti
Rayé	Striped	straïpt
Repassage	Ironing	aïeuninn
Rétrécir	(to) Shrink	chrinnk
Robe	Gown	gaounn
— du soir	Evening gown	ïvninn gaounn
Rose	Pink	pinnk
Rouge	Red	rèd
Short	Short	shautt
Slip	Briefs	brïfs
Soie	Silk	silk
Soutien-gorge	Brassiere	brass**ieu**
Sous-vêtement	Underclothes	**A**nndeuklOz
Survêtement	Track suit	trak soutt
Taille	Size	saïz
Tailleur	Taylor	teïleu
Teinte	Dye	daï
Tissu à carreaux	Checked material	tchèkt met**ieu**rieul
— imprimé	Patterned —	pateund
— à pois	Polka dot —	polkeu dott
— à rayures	Striped —	straïpt
— uni	Plain —	pleïnn
Toile	Canvas	kannveuss
Velours	Velvet	vèlvitt
Veste	Jacket	djakitt
Vert	Green	grïnn

Hôtel

hotel   hOtèl

En situation

Où y a-t-il un bon hôtel... un hôtel bon marché ?
Where can I find a good hotel... a cheap hotel ?
waïr kann aï faïnnd e'goud hOtèl... e'tchïp hOtèl ?

Je suis monsieur, madame, mademoiselle... j'ai
    réservé pour une, deux nuits une (ou deux)
    chambres (un lit ou deux lits) avec douche...
    avec bain... avec télévision.
I am Mister (Mr.), Mrs., Miss... I booked (*US :*
    reserved) one (or two) rooms (single bed ou double
    bed) for one or two nights with shower... bath...
    television.
aïm misteu, missiz, miss... aï boukt (rizeuv'd) wAnn (or tou)
    roumz (sinngueul bèd or dAb'l bèd) fau wAnn or tou
    naïtts wiz chaoeu... bat'h... télivïjeunn

FERMÉ   OUVERT   COMPLET
CLOSED   OPEN   NO VACANCIES
klOzd   Op'n   nO veïkeunsiz

Acceptez-vous les animaux ?
Do you accept animals ?
dou you eksèpt anim'lz ?

J'**attends** quelqu'un. Je suis dans le salon... au bar.
I'm expecting a visit. I'm in the lounge... in the bar.
aïm ixpèctinn e'vizitt. aïm inn ze laoundj... inn ze bâr.

Où se trouve le **bar** ?
Where is the bar ?
waïr iz ze bâr ?

Avez-vous des **cartes postales** ?... des timbres.
Do you have any postcards ?... any stamps ?
dou you hav èni pOstkâdz... èni stammps ?

Je voudrais une **chambre** calme.
I'd like a quiet room.
aïd laïk e'kwaïeutt roum.

Peut-on voir la **chambre**, s'il vous plaît ?
Can we see the room please ?
kann wï sï ze roum plïz ?

> Voulez-vous remplir cette fiche ?
> Please fill this form in ?
> plïz fil ziss faum inn ?

Acceptez-vous les **chèques**... les Eurochèques...
les cartes de crédit ?
Do you accept checks... Eurockecks... credit cards ?
dou you eksèpt tchèks... iourOtchèks... kréditt kâdz ?

Pouvez-vous me donner la **clé**, s'il vous plaît ?
Can you give me the key please ?
kann you guiv mï ze kï plïz ?

J'ai laissé la **clé** à l'intérieur.
I've left the key in my room.
aïv lèft ze kï inn maï roum.

Avez-vous un **coffre** ?
Do you have a safe ?
dou you hav e'seïf ?

Pourriez-vous faire **descendre** mes bagages ?
Can I have my luggage (*US :* baggage) brought down ?
kann aï hav maï lAguidj (baguidj) brautt daoun ?

L'**électricité** (la prise de courant) ne fonctionne pas.
There's no electricity, the wall socket doesn't work.
zairz nO ilèktrissiti, ze waul saukitt dAzn't weurk.

Voulez-vous m'envoyer **la femme de chambre** ?
Can you send me a maid please ?
kann you sènd mï e'meïd plïz ?

La **fenêtre**... la porte... le verrou... ferme mal.
The window... the door... the lock... doesn't close
properly.
ze winndO... ze dau... ze lok... dAzn't klOz propeuli.

J'ai du linge à faire **laver**... nettoyer... repasser.
I have some laundry to be washed... cleaned... ironed.
aï hav sAm launndri tou bï wocht... klïnnd... aïeund.

Y a-t-il un **message** pour moi ?
Is there a message for me ?
Iz zair e'mèssidj fau mï ?

Pourriez-vous m'expliquer les détails de cette **note** ?
Please explain the details on this bili.
plïz ixpleïnn ze dïteïlz onn ziss bil.

Je ne peux pas **ouvrir** la porte de ma chambre.
I can't open the door to my room.
aï kannt Op'n ze dau tou maï roum.

Avez-vous un **parking** ou un garage ?
Do you have a car park or a garage ?
dou you hav e'kâr pâk or e'garidj (*US :* garaj) ?

Je pense **partir** demain. Préparez ma note s'il vous plaît.
I'll probably leave tomorrow. Please prepare my bill.
aïll probeubli lïv toumorO. plïz pripair maï bil.

Le **petit** déjeuner est-il compris ? ... servi dans la
   chambre ? ... avec ou sans supplément ?
Is breakfast included ? ... served in my room ... with or
   without a supplement ?
iz brèkfeust inncloudid ... seuvd inn maï roum ... ouiz or ouizaoutt
   e'sAplimeunt ?

Je suis... **pressé**... en retard ?
I'm... in a hurry... late ?
aïm... inn e'hAri... leïtt ?

Je vous **remercie** de votre excellent service.
Thank you for the excellent service.
t'hannk you fau ze èkseuleunt seuviss.

Je **rentre** (je reviens) à... heures...
I'll be back at...
aïll bï bak att...

Y a-t-il un **restaurant** à l'hôtel ?
Is there a restaurant in the hotel ?
iz zair e'rèsterantt inn ze hOtèl ?

Avez-vous un bureau de **réservation** pour les
spectacles... les visites touristiques ?
Do you have a booking (*US : reservation*) service for
entertainments... for guided tours ?
dou you h**a**v e'**bou**kinn (r**é**zeve**ï**cheunn) s**eu**viss fau ènteute**ï**n-
meuntss... fau g**a**ïdid t**au**z ?

Combien de temps **restez**-vous ?
How long will you be staying ?
ha-au l**o**nng wil you bï st**eï**nn ?

Voudriez-vous me **réveiller** à...
Please wake me up at...
pl**ï**z w**eï**k mï Ap att...

Je voudrais une **serviette** de bain... une couverture... du
fil à coudre et une aiguille... du savon... du papier à
lettres... une enveloppe...
I'd like a bath towel... a blanket... a needle and thread...
some soap... some writing paper... an envelope...
a**ï**d la**ï**k e'**ba**t'h taoeul... e'**bla**nnkitt... e'n**ï**d'l annd t'hr**è**d... sAm
s**O**p... sAm ra**ï**tinn p**eï**peu... eun ènveul**O**p...

Je pense **rester**... jours... semaine... jusqu'à...
I'll be staying... days... week... until...
a**ï**ll bï st**eï**nn... d**eï**z... w**ï**k... Anntil...

Le **stationnement** est-il permis dans cette rue ?
Am I allowed to park in this street ?
am a**ï** el**a-au**d tou p**â**k inn ziss str**ï**tt ?

Je voudrais **téléphoner** en France... en ville...
I'd like to call France... make a local call...
a**ï**d la**ï**k tou kaul franns... m**eï**k e'l**O**k'l k**au**l...

Combien de **temps** faut-il pour aller à la gare... à
l'aéroport ?
How long does it take to get to the station... to the
airport ?
ha-au l**o**nng d**A**z itt t**eï**k tou gu**è**tt tou ze st**eï**cheunn... tou ze
épautt ?

Nos **voisins** sont bruyants.
Our neighbours make too much noise.
aoueu n**eï**beuz m**eï**k tou m**A**tch n**oï**z.

Quel est le **voltage** ?
What's the voltage ?
watts ze **va**ultidj ?

Vocabulaire

Accueil	Reception	ris**è**pcheunn
Air conditionné	Air conditioned	air konnd**i**cheund
Ampoule	Bulb	B**A**lb
Arrivée	Arrival	era**ï**v'l
Ascenseur	Lift	l**i**ft
Baignoire	Bath	bat'h
Balcon	Balcony	balkeun**i**
Bidet	Bidet	bide**ï**
Boire	(to) Drink	dri**nn**k
Caisse	Cash desk	kach d**è**sk
Cendrier	Ashtray	**a**chtre**ï**
Chaise	Chair	tch**ai**r
Chambre	Room	r**ou**m
Chasse d'eau	Flushing system	fl**A**chinn sisteum
Chaud	Hot	h**o**tt
Chauffage	Heating	h**ï**tinn
Chèque	Bank check	b**a**nnk tch**è**k
— de voyage	Traveller's check	travleuz tch**è**k
Cintre	Coat hanger	k**O**tt hanngueu
Clé (de la chambre)	Room key	r**ou**m kï
Complet	Full, no vacancies	f**ou**l, n**O** ve**ï**keunsiz
Concierge	Guardian	g**â**dieunn
Courant	Current	k**A**reunt
Couverture	Blanket	bl**a**nnkitt
Demi-pension	Half-pension	h**â**f p**è**ncheunn
Direction	Management	man**i**djmeunt
Douche	Shower	ch**a**oeu
Écoulement	Drain	dre**ï**nn
Fauteuil	Armchair	**â**mtchair
Fermé	Closed	kl**O**zd
Froid	Cold	k**O**ld

Fuite	Leak	lîk
Interrupteur	Switch	switch
Lit	Bed	bèd
Lumière	Light	laïtt
Manger	(to) Eat	îtt
Miroir	Mirror	mireu
Nettoyer	(to) Clean	klînn
Note	Bill	bil
Oreiller	Pillow	pilO
Ouvert	Open	Op'n
Papiers d'identité	Identity papers	aïdèntiti peïpeuz
Pension complète	Full pension	foul pèncheunn
Porteur	Porter	pauteu
Portier	Doorman	dauman
Rasoir électrique	Electric shaver	ilèktrik cheïveu
— mécanique	Razor	reïzeu
RÉCEPTION	RECEPTION	risèpcheunn
Réfrigérateur	Refrigerator	rifridjereïteu
	(*US* : Freezer)	frîzeu
Robinet	Tap	tap
	(*US* : Faucet)	faussitt
SALLE À MANGER	RESTAURANT, DINING ROOM	rèsterantt, daïninn roum
Salle de bain	Bathroom	bat'hroum
Savon	Soap	sOp
SERVICE	SERVICE	seuviss
Serviette de bain	Bath towel	bat'h taoeul
— de toilette	Towel	taoeul
Table de nuit	Bedside table	bèdsaïd teïb'l
TOILETTES	TOILETS	toïlitts
Verrou	Lock	lok
Voltage	Voltage	vaultidj

Petit déjeuner

breakfast   br**è**kfeust

Vocabulaire

Assiette	Plate	ple**ï**tt
Beurre	Butter	b**A**teu
Boire	(to) Drink	dr**i**nnk
Café noir	Black coffee	blak k**o**fi
— au lait	Coffee with milk	k**o**fi wiz m**i**lk
Chaud	Hot	h**o**tt
Chocolat	Chocolate	tch**o**klitt
Citron	Lemon	l**è**m'n
Confiture	Jam	dj**a**m
Couteau	Knife	na**ï**f
Cuiller	Spoon	sp**ou**n
— (petite)	Tea spoon	t**ï** sp**ou**n
Dessert	Dessert	diz**eu**tt
Eau	Water	w**au**teu
Fourchette	Fork	f**au**k
Froid	Cold	k**O**ld
Fromage	Cheese	ch**i**z
Fruit	Fruit	fr**ou**tt
Jambon	Ham	h**a**m
Jus de citron	Lemon juice	l**è**m'n dj**ou**ss
— de fruits	Fruit juice	fr**ou**tt dj**ou**ss
— d'orange	Orange juice	**o**rinndj dj**ou**ss
— de pample- mousse	Grapefruit juice	gr**eï**pfr**ou**tt dj**ou**ss
— de pomme	Apple juice	**a**p'l dj**ou**ss
Miel	Honey	h**A**ni
Omelette	Omelette	**o**mlitt
Œufs brouillés	Scrambled eggs	skr**a**mmb'ld **è**gz
— à la coque	Boiled eggs	bo**ï**ld **è**gz
— sur le plat	Fried eggs	fra**ï**d **è**gz
Pain	Bread	br**è**d
Poivre	Pepper	p**è**peu
Saucisse	Sausage	s**o**ssidj

Sel	Salt	**sa**ult
Soucoupe	Saucer	**sa**usseu
Sucre	Sugar	cho**u**gueu
Tasse	Cup	k**A**p
Thé	Tea	t**ï**
Toast	Toast	t**O**st
Verre	Glass	gl**â**ss
Yaourt	Yoghourt	**yo**gueutt

Jours fériés

bank holidays   bannk holideïz
US : public holidays   pAblic holideïz

Angleterre

1er janvier	New Year's day	niou yieurs deï
Vendredi saint	Good Friday	goud fraïdeï
Lundi de Pâques	Easter Monday	ïsteu mAnndeï
1er lundi de mai	May Day	meï deï
Dernier lundi de mai	Spring Bank Holiday	sprinng bannk holideï
Dernier lundi d'août	Summer Bank Holiday	sAmeu bannk holideï
25 décembre	Christmas Day	krissmeuss deï
26 décembre	Boxing Day	boxinn deï

États-Unis

1er janvier	New Year's Day	niou yieurs deï
3e lundi de février	Washington's birthday	wachinnteuns beut'hdeï
Dernier lundi de mai	Memorial Day	mimaurieul deï
4 juillet	Independance Day	inndipèndcuns deï
1er lundi de septembre	Labour Day	leïbeu deï
2e lundi d'octobre	Columbus Day	keulAmbeuss deï
11 novembre	Veteran's Day	vètereuns deï
4e jeudi de novembre	Thanksgiving Day	t'hannks-guivinn deï
25 décembre	Christmas Day	krissmeuss deï

Mesures

Measures   mèjeuz

LONGUEUR	LENGTH	lènngt'h
Mille marin (1 853 m)	Nautical mile	**na**utikeul **ma**ïll
Mille terrestre (1 609 m)	Mile (m)	**ma**ïll
Pouce (25 mm env.)	Inch (in)	**ï**nntch
Pied (30 cm env.)	Foot (ft)	**fou**tt
Yard (90 cm env.)	Yard (yd)	**yâ**d
POIDS	WEIGHT	**we**ïtt
Livre (450 g env.)	Pound (lb)	**pa**ound
Once (28 g env.)	Ounce (oz)	**aou**nss
Stone (6,3 kg env.)	Stone (st)	st**O**nn
VOLUMES	VOLUMES	vol**iou**mz
Baril *US* (118-119 l)	Barrel	**ba**reul
— de pétrole (159 l)	— petroleum	— pitr**O**lieum
Gallon *GB* (4,54 l)	Gallon (gal)	**ga**leunn
— *US* (3,785 l)	—	—
Pinte *GB* (0,56 l)	Pint (pt)	**pa**ïnnt
— *US* (0,47 l)	—	—
Quart *GB* (1,12 l)	Quart (qt)	kw**au**tt
— *US* (0,94 l)	—	—

Métro

underground   **A**nndeugra**o**und
US : subway   s**A**bweï

Pour le métro londonien, appelé plus couramment le « tube », les tarifs sont fonction du parcours. Les billets s'achètent aux guichets ou aux distributeurs automatiques. Veillez à composter votre titre de transport et gardez-le car il vous sera réclamé à la sortie.

L'utilisation du métro à New York et à Washington est très complexe. Sachez qu'il n'est possible de changer de direction qu'aux « transfer stations » et que plusieurs rames allant dans diverses directions passent sur un même quai. La direction est inscrite sur les côtés.

En situation

Où se trouve la station la plus proche ?
Where is the nearest station ?
w**ai**r iz ze nieurèst st**eï**cheunn ?

Je voudrais un (des) **billet(s)**... un (des) jeton(s).
I want a (some) ticket(s)... a (some) token(s).
aï w**a**nnt e (s**A**m) tikitt(s)... e (s**A**m) t**O**k'n(s).

Y a-t-il un **changement** ?
Do I have to change ?
dou aï h**a**v tou tch**eï**ndj ?

Quelle **direction** dois-je prendre pour aller à... ?
What direction do I have to take to go to... ?
w**a**tt dir**è**kcheunn dou aï h**a**v tou t**eï**k tou g**O** tou... ?

A quelle **heure** ferme le métro ?
What time does the underground (*US :* subway) close ?
w**a**tt t**aï**m d**A**z ze **A**nndeugra**o**und (s**A**bweï) kl**O**z ?

Pouvez-vous me donner un **plan** du métro ?
Can you give me a map of the underground
   (*US* : a subway map) ?
kann you guïv mï e'map ov ze **A**nndeugraound (e's**A**bweï map) ?

Cette **rame** va bien à... ?
This train goes to... doesn't it ?
ziss treïnn gOz tou... d**A**z'nt itt ?

Combien de **stations** avant... ?
How many stations to... ?
ha-au mèni steïcheunns tou... ?

Vocabulaire

ACCÈS AU QUAI	PLATFORM ENTRY	platfaum èntri
Billet	Ticket	tikitt
Contrôleur	Ticket collector	tikitt kelèkteu
CORRESPON-DANCE	CONNECTION	kenèkcheunn
Descendre	(to) Go down	gO daoun
Direction	Direction	dirèkcheunn
Distributeur	Distributor	distribiouteu
ENTRÉE	ENTRY, WAY IN	èntri, weï inn
Escalier	Staircase	staïrkeïss
Escalier mécanique	Escalator	èskeuleïteu
Express	Express	ixprèss
Fermeture	Closure	klOjeu
Jeton *(US)*	Token	tOk'n
Ligne	Line	laïnn
Monter	(to) Get on	guètt onn
Omnibus	Omnibus	omnibAss
Ouverture	Opening	Opninn
Plan	Map	map
Rame	Train	treïnn
Signal d'alarme	Alarm	elâm
SORTIE	EXIT, WAY OUT	èxitt, weï aoutt
Station	Station	steïcheunn
Terminus	Terminus	teurmineuss
Voie	Rail	reïll

Nature

nature   neïtcheu

Vocabulaire

Abeille	Bee	bï
Air	Air	air
Altitude	Altitude	altitioud
A pic	Sheer	chieu
Arbre	Tree	trï
Argileux	Clayey	kleï-i
Automne	Autumn (*US* : Fall)	auteum, faul
Avalanche	Avalanche	aveulânntch
Averse	Downpour	daounpau
Baie	Bay	beï
Basalte	Basalt	bazault
Berger	Shepherd	chèpeud
Bœuf	Ox	ox
Bois	Wood	woud
Boisé	Woody	woudi
Bosquet	Thicket	t'hikitt
Boue	Mud	mAd
Bouleau	Birch	beutch
Bourgeon	Bud	bAd
Branches	Branch	branntch
Brouillard	Fog	fog
Brume	Mist	mist
Caillou	Stone, pebble	stOnn, pèb'l
Calcaire	Chalk	tchauk
Campagne	Country	kAnntri
Canard	Duck	dAk
Carrefour	Crossroad	krossrOd
Cascade	Cascade	kaskeïd
Céréales	Cereal	sieurieul

Cerisier	Cherry tree	tchèri trï
Champignon	Mushroom	mAchroum
Champ	Field	fïld
Chant	Song	sonng
Château	Castle	kâs'l
Chaud	Hot	hott
Chêne	Oak	Ok
Cheval	Horse	hauss
Chien de berger	Sheepdog	chïpdog
CHIEN MÉCHANT	BEWARE OF THE DOG	biwair ov ze dog
Ciel	Sky	skaï
Clair	Clear, Light	klïr, laïtt
Climat	Climate	klaïmitt
Colline	Hill	hil
Coloré	Coloured	kAleud
Coq	Cock	kok
Côte	Coast	kOst
Coucher de soleil	Sunset	sAnnsètt
Couleur	Colour	kAleu
Cueillir	(to) Pick	pik
DANGER	DANGER	deïndjeu
Dangereux	Dangerous	deïndj-reuss
Dégel	Thaw	t'hau
Désert	Desert	dèzeutt
Eau	Water	wauteu
Éclair	Lightening	laïtninn
Environs (les)	Surroundings	sAraoundinnz
Épine	Thorn	t'haunn
Est (point card.)	East	ïst
Étang	Pond	ponnd
Été (saison)	Summer	sAmeu
Étoile	Star	stâr
Falaise	Cliff	klif
Fané	Withered	wizeud
Ferme	Farm	fâm
Feuillage	Leaves	lïvz
Feuille	Leaf	lïf
Figuier	Fig tree	fig trï
Fleur	Flower	flaoeu

Fleur (en)	Blooming	blouminn
Foin	Hay	heï
Forêt	Forest	forist
Fourmi	Ant	annt
Froid	Cold	kOld
Gelée	Frozen	frOz'n
Glace	Ice	aïss
Glissant	Slippery	sliperi
Grange	Barn	bân
Granit	Granite	granitt
Grès	Sandstone	sannd-stOnn
Grotte	Grotto	grotO
Guêpe	Wasp	wosp
Haie	Hedge	hèdj
Hauteur	Height	haïtt
Hêtre	Beech	bïtch
Hiver	Winter	winnteu
Horizon	Horizon	heraïz'n
Humide	Humid, damp	hioumid, dammp
Inoffensif	Harmless	hâmliss
Insecte	Insect	innsèkt
Jardin	Garden	gâd'n
Lac	Lake	leïk
Lande	Moor	mau
Lave (volcan)	Lava	lâveu
Lever de soleil	Sunrise	sAnnraïz
Lointain *(nom)*	Distance	disteunss
Lumière	Light	laïtt
Lune	Moon	moun
Marécage	Swamp	swammp
Marée	Tide	taïd
Massif	Massif	massïf
Mer	Sea	sï
Miel	Honey	hAni
Minéral	Mineral	minereul
Morsure	Bite	baïtt
Mouche	Fly	flaï
Moustique	Mosquito	moskïtO
Montagne	Mountain	maountinn

Montagneux	Mountainous	maountineuss
Neige	Snow	snO
Nid	Nest	nèst
Nord	North	naut'h
Nuage	Cloud	klaoud
Nuageux	Cloudy	klaoudi
Obscurité	Obscurity, dark	eubskiouriti, dâk
Océan	Ocean	Ocheunn
Œuf	Egg	èg
Oiseau	Bird	beud
Olivier	Olive tree	oliv trï
Ombre	Shade, shadow	cheïd, chadO
Orage	Storm	staum
Oranger	Orange tree	orinndj trï
Orties	Nettles	nèt'l
Ouest	West	wèst
Palmier	Palm tree	pâm trï
Parfum	Scent	sènt
Paysage	Landscape	lanndskeïp
Pêcher	(to) Fish	fich
Pierre	Stone	stOnn
Pigeon	Pigeon	pidjeunn
Pin	Pine tree	païnn trï
Piqûre	Sting	stinng
Plage	Beach	bïtch
Plaine	Plain	pleïnn
Plantes	Plants	plannts
Plat *(adj.)*	Flat	flatt
Platane	Plane tree	pleïnn trï
Plateau	Plateau	platO
Pluie	Rain	reïnn
Pluvieux	Rainy	reïni
Poirier	Pear tree	pair trï
Poisson	Fish	fich
Pommier	Apple tree	ap'l trï
Mouton	Sheep	chïp
Porc	Pig	pig
Port	Port	pautt
Poule	Hen	hèn

Prairie	Meadow	mèdO
	(*US* : Prairie	prèri
Pré	Field	fïld
Précipice	Abyss	ebiss
Printemps	Spring	sprinng
Proche	Close	klOz
Promenade	Walk	waulk
PROPRIÉTÉ PRIVÉE	PRIVATE PROPERTY	praïvitt propeuti
Racine	Root	routt
Rivière	River	riveu
Rocher	Rock	rok
Ronces	Thorns	t'haunz
Roseau	Reed	rïd
Rosée	Dew	diou
Ruisseau	Stream	strïm
Sable	Sand	sannd
Sablon	Sandhill	sanndhil
Sablonneux	Sandy	sanndi
Sapin	Fir tree	feu trï
Sec	Dry	draï
Sentir bon	(to) Smell good	smèl goud
Serpent	Snake	sneïk
Soleil	Sun	sAnn
Sommet	Summit, top	sAmitt, top
Source	Source	sauss
Sud	South	saout'h
Température	Temperature	tèmpritcheu
Tempête	Storm	staum
Temps	Weather	weïzeu
Tonnerre	Thunder	t'hAnndeu
Torrent	Torrent	toreunt
Tronc	Trunk	trAnnk
Troupeau	Herd	heud
Vache	Cow	kaou
Vague	Wave	weïv
Vallée	Valley	vali
Vallonné	Undulating	Anndiouleïtinn
Vénéneux	Poisonous	poïzneuss

Venimeux	Venomous	vènemeuss
Verdure	Greenery	grïneri
Versant	Slope	slOp
Volcan	Volcano	volkeïnO

Nombres

numbers   nAmmbeuz

0	Zero	zieurO
1	One	wAnn
2	Two	tou
3	Three	t'hrï
4	Four	fau
5	Five	faïv
6	Six	siks
7	Seven	sèv'n
8	Eight	eïtt
9	Nine	naïnn
10	Ten	tènn
11	Eleven	ilèv'n
12	Twelve	twèlv
13	Thirteen	t'heutïnn
14	Fourteen	fautïnn
15	Fifteen	fiftïnn
16	Sixteen	sixtïnn
17	Seventeen	sèv'ntïnn
18	Eighteen	eïtïnn
19	Nineteen	naïnntïnn
20	Twenty	twènti
21	Twenty-one	twènti wAnn
22	Twenty-two	twènti tou
23	Twenty-three	twènti t'hrï
24	Twenty-four	twènti fau
25	Twenty-five	twènti faïv
26	Twenty-six	twènti siks
27	Twenty-seven	twènti sèv'n
28	Twenty-eight	twènti eïtt
29	Twenty-nine	twènti naïnn
30	Thirty	t'heuti

31	Thirty-one	t'h**eu**ti w**A**nn
32	Thirty-two	t'h**eu**ti **tou**
40	Forty	f**au**ti
50	Fifty	f**ï**fti
60	Sixty	sixti
70	Seventy	s**èv**'nti
80	Eighty	**eï**ti
90	Ninety	na**ï**nnti
100	One hundred	w**A**nn h**A**nndrid
200	Two hundred	**tou** h**A**nndrid
300	Three hundred	t'hr**ï** h**A**nndrid
400	Four hundred	f**au** h**A**nndrid
500	Five hundred	fa**ï**v h**A**nndrid
1 000	One thousand	w**A**nn t'h**aou**zeund
10 000	Ten thousand	t**è**nn t'h**aou**zeund
100 000	One hundred thousand	w**A**nn h**A**nndrid t'h**aou**zeund
1 000 000	One million	w**A**nn milieun
Premier	First	f**eu**st
Deuxième	Second	s**è**keund
Troisième	Third	t'h**eu**d
Quatrième	Fourth	f**au**t'h
Cinquième	Fifth	f**ï**ft'h
Sixième	Sixth	sixt'h
Septième	Seventh	s**èv**'nt'h
Huitième	Eighth	**eï**t-t'h
Neuvième	Ninth	na**ï**nnt'h
Dixième	Tenth	t**è**nnt'h
Un demi (1/2)	A half	e'h**â**f
Un tiers (1/3)	A third	e't'h**eu**d
Un quart (1/4)	A quarter	e'kw**au**teu
Trois quarts (3/4)	Three quarters	t'hr**ï** kw**au**teuz
2 pour cent	Two percent	**tou** pess**è**nt
10 pour cent	Ten percent	t**è**nn pess**è**nt

Opticien

optician   opticheunn

En situation

S'il vous plaît, pouvez-vous m'indiquer un opticien ?
Excuse me, where can I find an optician ?
ixkiouz mï, wair kann aï faïnnd eun opticheunn ?

J'ai perdu mes **lentilles de contact**.
I've lost my contact lenses.
aïv lost maï konntakt lènziz.

J'ai cassé mes **lunettes**. Pouvez-vous les remplacer ?
I've broken my glasses. Can your replace them ?
aïv brOk'n maï glâssiz. kann you ripleïss zèm ?

Je voudrais des **lunettes de soleil**... des lunettes anti-
reflets.
I'd like some sunglasses... some anti-glare glasses.
aïd laïk sAm sAnn-glâssiz... sAm annti-glair glâssiz.

Pouvez-vous **remplacer** ces verres ?... les branches ?
Can you replace these lenses... the sides of the frame ?
kann you ripleïss ziz lènzizs... ze saïdz ov ze freïm ?

Je porte des **verres** teintés.
I wear tinted glasses.
aï wair tinntid glâssiz.

Vocabulaire

Astigmate	Astigmatic	astigmatik
Branche	Side (of the frame)	saïd (ov ze freïm)
Étui	Case	keïss
Formule	Formula	faumiouleu
Hypermétrope	Hypermetropic	haïpeumètropik

Jumelles	Binoculars	binokiouleuz
Liquide pour lentilles de contact	Liquid for contact lenses	likwid fau konntakt lènziz
Lentilles de contact	Contact lenses	konntakt lènziz
Longue-vue	Field glasses	fîld glâssiz
Loupe	Magnifying glass	mag-nifaïnn glâss
Lunettes	Glasses	glâssiz
— de soleil	Sunglasses	sAnn-glâssiz
Myope	Short-sighted	chautt saïtid
Presbyte	Long-sighted	lonng saïtid
Verre(s)	Glass (glasses)	glâss (glâssiz)
— de contact	Contact lenses	konntakt lènziz
— teinté(s)	Tinted lenses	tinntid lènziz

Papeterie

stationery   steïcheuneri
LIBRAIRIE
book shop   b**ou**k chop

L'indispensable

Bonjour !*
Good morning... good afternoon... good evening !
goud m**au**ninn... goud **â**fteun**ou**n... goud **ï**vninn !

Je voudrais **acheter**...
I want to buy...
aï w**a**nnt tou b**aï**...

J'aimerais...
I'd like...
aïd l**aïk**...

Avez-vous un **article** meilleur marché ?
Do you have something cheaper ?
dou you h**a**v s**A**mt'hinn tch**ï**peu ?

Auriez-vous... ?
Do you have... ?
dou you h**a**v... ?

Cela me **convient**.
That suits me.
zatt si**ou**ts m**ï**.

Combien cela **coûte**-t-il ?
How much does this cost ?
ha-au m**A**ch d**A**z ziss k**o**st ?

Pouvez-vous me **montrer** autre chose ?
Can you show me something else ?
kann you ch**O** m**ï** s**A**mt'hinn **è**ls ?

  * En Angleterre et aux États-Unis on spécifie le moment de la journée :
matin, après-midi, soir.

Merci, au revoir !
Thank you, good bye !
t'hannk you, goud baï !

En situation

Vendez-vous des livres en **français** ?
Do you sell any books in French ?
dou you sèl èni bouks inn frèntch ?

Je voudrais un **guide touristique** de la région.
I'd like a guide book of the area.
aïd laïk e'gaïd bouk ov ze èria.

Existe-t-il une **histoire de la région** en français ?
Do you have a history book of the area in French ?
dou you hav e'histeri bouk ov ze èria inn frèntch ?

Recevez-vous les **journaux** français ?
Do you receive French newspapers ?
dou you rissïv frèntch niouspeïpeuz ?

Faites-vous des **photocopies** ?
Do you do photocopies ?
dou you dou fotokopïz ?

Vocabulaire

Agenda	Diary	daïeri
Agrafe	Staple	steïp'l
Agrafeuse	Stapler	steïpleu
Bloc-notes	Notepad	nOtt pad
Boîte de peinture	Paintbox	peïnnt-box
Bouteille d'encre	Bottle of ink	bot'l ov ïnnk
Brochure	Brochure	brOchiour
Brouillon (papier de)	Scribbling pad	skriblinn pad
Buvard	Blotter	bloteu
Cahier	Textbook	tèxtbouk
Calculatrice	Calculator	kalkiouleïteu

Calendrier	Calendar	kalenndeu
Carnet	Note book	nOtt bouk
— d'adresses	Address book	edrèss bouk
Carte géographique	Geographical map	djiografikeul map
— routière	Roadmap	rOdmap
— touristique	Touring map	tourrinn map
Cartes à jouer	Playing cards	pleïnn kâdz
— postales	Postcards	pOst kâdz
Catalogue	Catalogue	katelog
Ciseaux	Scissors	sizeuz
Classeur	Folder	fOldeu
Colle	Glue	glou
Crayon noir	Lead pencil	lèd pèns'l
Crayons de couleur	Coloured pencils	kAleud pèns'lz
Dictionnaire de poche	Pocket dictionary	pokitt dikcheunnri
Édition	Issue	ichou
Élastiques	Elastic bands	ilastik bandz
Encre	Ink	innk
Enveloppe	Envelope	ènvelOp
Étiquettes	Labels	leïb'lz
— adhésives	Self-sticking labels	sèlf-stikinn leïb'lz
Exemplaire	Copy	kopi
Feuille	Sheet	chïtt
Ficelle	String	strinng
Format	Format	faumatt
Gomme	Rubber	rAbeu
	(*US* : Eraser)	ireïzeu
Grammaire	Grammar	grameu
Guide touristique	Guidebook	gaïdbouk
— en français	French guidebook	frènch gaïdbouk
Hebdomadaire	Weekly	wïkli
Illustration	Illustration	ileustreïcheunn
Journal français	French newspaper	frènch niouspeïpeu
— local	Local newspaper	lOkeul niouspeïpeu
Livre d'art	Art book	âtt bouk
— de poche	Paperback	peïpeubak
— pour enfants	Children's book	tchildreunns bouk

Papier	Paper	peïpeu
— cadeau	Gift paper	guift peïpeu
— calque	Tracing paper	treïssinn peïpeu
— carbonne	Carbon paper	kâb'n peïpeu
— collant	Sticking paper	stikinn peïpeu
— d'emballage	Wrapping paper	rapinn peïpeu
— à lettres	Writing paper	raïtinn peïpeu
— machine	Typewriting paper	taïp-raïtinn peïpeu
Pile	Battery	bateri
Pinceau	Paint brush	peïnnt brAch
Plan de la ville	Map of the town	map ov ze taoun
Plume	Nib	nib
Recharge	Refill	rïfil
Règle	Ruler	rouleu
Revue	Magazine	maguezïnn
Roman	Novel	noveul
Ruban	Ribbon	ribeun
Serviettes en papier	Paper napkins	peïpeu napkinnz
Stylo-bille	Ball-point	baul-poïnnt
— feutre	Felt-tip	fèlt-tip
— plume	Fountain-pen	faountinn-pènn
Taille-crayon	Pencil sharpener	pèns'l châpneu

Parfumerie

chemist   k**è**mist
HYGIÈNE
hygiene   ha**ï**dj**ï**nn

En Angleterre on achète les produits de beauté, articles de toilette et parfums chez le pharmacien. Dans les petites villes le pharmacien vend un peu de tout, articles de toilette, parfums, produits de beauté, papeterie, jouets et accessoires.

Les Américains achètent les articles de toilette et les produits de beauté au « drugstore ». Ces magasins sont de véritables bazars où l'on peut se procurer non seulement des médicaments mais aussi des journaux, des articles pour fumeur, cigarettes, tabac, des articles de pêche et de chasse et même, parfois, de l'alcool. Les drugstores sont ouverts très tard le soir, dans certaines villes ils ne ferment pas de la nuit.

L'indispensable

Bonjour !*
Good morning... good afternonn... good evening !
goud m**au**ninn... goud **â**fteun**ou**n... goud **ï**vninn !

Je voudrais **acheter**...
I want to buy...
a**ï** w**a**nnt tou b**aï**...

J'**aimerais**...
I'd like...
a**ï**d l**aï**k...

* En Angleterre et aux États-Unis on spécifie le moment de la journée : matin, après-midi, soir.

Avez-vous un **article** meilleur marché ?
Do you have something cheaper ?
dou you hav sAmt'hinn tchïpeu ?

Auriez-vous... ?
Do you have... ?
dou you hav... ?

Acceptez-vous les **cartes de crédit**... les traveller's chèques ?
Do you accept credit cards... traveller's checks ?
dou you eksèpt kréditt kâdz... travleuz tchèks ?

Cela me **convient**.
That suits me.
zatt siouts mï.

Combien cela **coûte**-t-il ?
How much does this cost ?
ha-au mAtch dAz ziss kost ?

Pouvez-vous me **montrer** autre chose ?
Can you show me something else ?
kann you chO mï sAmt'hinn èls ?

> Merci, au revoir !
> Thank you, good bye !
> t'hannk you, goud baï !

En situation

Je cherche une **brosse** plus souple.
I'm looking for a softer brush.
aïm loukinn fau e'softeu brAch.

Puis-je **essayer** ce vernis à ongles ?
May I try this nail varnish ?
meï aï traï ziss neïll vânich ?

J'aimerais un parfum plus **léger**... plus poivré.
I'd like a lighter... a more pungent... perfume.
aïd laïk e'laïteu... e'mau pAnndjeunt... peufioum.

Pourrais-je **sentir** ce parfum ?
May I smell this perfume ?
meï aï smèl ziss peufioum ?

Vocabulaire

Blaireau	Shaving brush	che**ï**vinn br**A**ch
Brosse à cheveux	Hairbrush	hairbr**A**ch
— à dents	Toothbrush	tou**t**'h-br**A**ch
— à ongles	Nailbrush	ne**ï**lbr**A**ch
Clair(e)	Light, clear	la**ï**tt, kl**ï**r
Coton hydrophile	Cotton wool	kot'n w**ou**l
Cotons-tiges	Cotton wool tips	kot'n w**ou**l tips
Couleur	Colour	k**A**leu
Crayon pour les yeux	Eyeliner pencil	a**ï**la**ï**neu pèns'l
Crème de base	Foundation cream	faounde**ï**cheunn kr**ï**m
— démaquillante	Cleansing cream	kl**è**nzinn kr**ï**m
— hydratante	Moisturizing cream	mo**ï**stcheu-ra**ï**zinn kr**ï**m
— de jour	Day cream	de**ï** kr**ï**m
— de nuit	Night cream	na**ï**tt kr**ï**m
— pour les mains	Hand cream	hannd kr**ï**m
— à raser	Shaving cream	che**ï**vinn kr**ï**m
— solaire	Suntan cream	s**A**nntann kr**ï**m
Démaquiller	(to) Remove make-up	rim**ou**v me**ï**k**A**p
Dentifrice	Toothpaste	tou**t**'h-peïst
Déodorant	Deodorant	di**O**dereunt
Dissolvant	Varnish remover	v**â**nich rim**ou**veu
Doux	Soft	soft
Eau de Cologne	Eau de Cologne	**O** de keul**O**nn
— de toilette	Toilet water	to**ï**litt w**au**teu
Épingle de sûreté	Safety pin	se**ï**fti pinn
— à cheveux	Hair pin	hair pinn
Éponge	Sponge	sp**A**nndj
Fard	Make-up	me**ï**k**A**p
Flacon	Flask, bottle	flask, bot'l
Foncé	Dark	d**â**k
Fond de teint	Foundation	faounde**ï**cheunn
Gel	Gel	dj**è**l
Houpette	Powder-puff	paoudeu p**A**f
Huile solaire	Suntan oil	s**A**nntann o**ï**ll
Incolore	Colourless	k**A**leuliss
Inodore	Odourless	**O**deuliss

Lait démaquillant	Cleansing milk	klènzinn milk
Lames de rasoir	Razor blades	reïzeu bleïdz
Laque	Lacquer	lakeu
Lime à ongles	Nailfile	neïlfaïll
Lotion	Lotion	lOcheunn
Maquiller	(to) Make-up	meïkAp
Masque	Mask	mâsk
Mascara	Mascara	maskâreu
Mouchoirs en papier	Paper handkerchiefs	peïpeu hannkeutchifs
Papier hygiénique	Toilet paper	toïlitt peïpeu
Parfum	Perfume	peufioum
Peau grasse	Greasy skin	grïssi skinn
— sèche	Dry skin	draï skinn
— sensible	Sensitive skin	sènsitiv skinn
Peigne	Comb	kOmm
Pierre ponce	Pumice stone	pAmiss stOnn
Pinceau	Eyeliner brush	aïlaïneu brAch
Pinces à épiler	Tweezers	twïzeuz
Pommade pour les lèvres	Lip balm	lip bâm
Poudre	Powder	paoudeu
Poudrier	Powder case	paoudeu keïss
Rasoir	Razor	reïzeu
Rouge à lèvres	Lipstick	lipstik
Savon	Soap	sOp
Sec	Dry	draï
Serviettes hygiéniques	Sanitary towels	saniteri taoeulz
Shampooing	Shampoo	chammpou
Talc	Talcum powder	talkeum paoudeu
Tampon	Tampons	tammpeunz
Teinte	Tint	tinnt
Trousse de toilette	Wash bag	woch bag
Tube	Tube	tioub
Vaporisateur	Atomizer	atemaïzeu
Vernis à ongles	Nail varnish	neïll vânich

Photographie

photography   fetografi

L'indispensable

Bonjour !*
Good morning... good afternoon... good evening !
goud mauninn... goud âfteunoun... goud ïvninn !

Je voudrais **acheter**...
I want to buy...
aï wannt tou baï...

J'**aimerais**...
I'd like...
aïd laïk...

Auriez-vous un **article** meilleur marché ?
Do you have something cheaper ?
dou you hav sAmt'hinn tchïpeu ?

Acceptez-vous les **cartes de crédit**... les traveller's chèques ?
Do you accept credit cards... travellers checks ?
dou you eksèpt kréditt kâdz... travleuz tchèks ?

Cela me **convient**.
That suits me.
zatt siouts mï.

Combien cela **coûte**-t-il ?
How much does this cost ?
ha-au mAtch dAz ziss kost ?

Pouvez-vous me **montrer** autre chose ?
Can you show me something else ?
kann you chO mï sAmt'hinn èls ?

* En Angleterre et aux États-Unis on spécifie le moment de la journée : matin, après-midi, soir.

Merci, au revoir !
Thank you, good bye !
t'hannk you, goud baï !

En situation

S'il vous plaît, pouvez-vous m'indiquer un magasin de
   photos ?
Excuse me, can you tell me where there's a
   photographic shop ?
ixkiouz mï kann you tèl mï wair zairz e'fOtegrafik chop ?

Pouvez-vous me donner le **certificat d'origine** ?
Can you give me certificate of origin ?
kann you guiv mï ze seutifikeutt ov oridjinn ?

La pellicule est **coincée**.
The film is jammed.
ze film iz djamd.

En combien de temps pouvez-vous **développer** ce film ?
How long will it take to develop this film ?
ha-au lonng will itt teïk tou diveïleup ziss film ?

Quels sont les **droits de douane** à payer ?
How much customs tax must I pay ?
ha-au mAtch kAstemz tax mAst aï peï ?

J'ai des **ennuis** avec...
I'm having some trouble with...
aïm havinn sAm trAb'l wiz...

La cellule ne **fonctionne** pas.
The cell isn't working.
ze sèl iz'nt weurkinn.

L'appareil est **tombé**.
The camera was dropped.
ze kamereu waz drop't.

Vocabulaire

Français	Anglais	Prononciation
Agrandissement	Enlargement	innlâdjmeunt
Ampoules de flash	Flash bulbs	flach bAlbz
Appareil	Camera	kamereu
Axe	Angle	anng'l
Bague de réglage	Adjusting ring	edjAstinn rinng
Bobine	Roll of film	rOl ov film
Boitier	Camera case	kamereu keïss
Brillant	Glossy	glossi
Capuchon	Lens cover	lènz kAveu
Cartouche	Cartridge	kartridj
Cellule	Cell	sèl
Clair	Light	laïtt
Coincer	(to) Jam	djam
Compteur	Meter, counter	mîteu, kaounteu
Contrasté	Contrasted	keuntrastid
Déclencheur	Shutter-release	chAteu rilîss
Développement	Processing	prOssèssinn
Diaphragme	Diaphragm	daïeufram
Diapositive	Slide	slaïd
Dos de l'appareil	Back of the camera	bak ov ze kamereu
Épreuve	Print	prinnt
Film noir et blanc	Black and white film	blak annd waïtt film
— couleur pour papier	Colour film for paper	kAleu film fau peïpeu
— couleur pour diapos	Colour film for slides	kAleu film fau slaïdz
Filtre jaune	Yellow filter	yèlO filteu
— orange	Orange filter	orinndj filteu
— rouge	Red filter	rèd filteu
Format	Format, size	faumatt, saïz
Glacé	Glossy	glossi
Grain fin	Fine grain	faïnn greïnn
Identité (photo d')	Identity photo	aïdèntiti fOtO
Lumière artificielle	Artificial light	artificheul laïtt
— du jour	Daylight	deïlaïtt
Mat	Mat	matt

Marges (avec)	With a margin	wiz e'mâdjinn
— (sans)	Without a margin	wizaoutt e'madjinn
Négatif	Negative	nèguetiv
Objectif	Lens	lènz
Obturateur	Shutter	chAteu
Papier	Paper	peïpeu
Pied	Tripod	traïpod
Pile	Battery	bateri
Posemètre	Exposure meter	ixpOjeu mïteu
Pose (20)	Twenty exposures	twènti ixpOjeuz
— (36)	Thirty-six exposures	t'heuti siks ixpOjeuz
Rapide	Fast	fâst
Rebobiner	Rewind	riwaïnnd
Recharger	Refill	rifil
Réparation	Repair	ripair
Sensible	Sensitive	sènsitiv
Sombre	Dark	dâk
Télémètre	Rangefinder	reïnndj-faïnndeu
Tirage	Printing	prinntinn
Viseur	Viewfinder	viou-faïnndeu
Voilé	Fogged	fog'd

Poissonnerie

fishmonger   fichmAnngueu

En Angleterre goûtez : les « kippers » (harengs fumés) soit rechauffés dans de l'eau bouillante fortement vinaigrée, soit grillés et servis avec du beurre ; le congre en gelée, les truites fumées, ou encore le « haddock ».

Aux États-Unis on trouve d'autres spécialités : chair de tortue, requin, ou encore du « pompano » (genre de perche), du « red snapper » (genre brochet). Le poisson est généralement pré-découpé en filets ou en tranches, prêts à cuire. Pour les amateurs, sachez que les meilleurs homards viennent de l'État du Maine.

L'indispensable

Bonjour !*
Good morning... good afternoon... good evening !
goud **mau**ninn... goud **â**fteun**ou**n... goud **ï**vninn !

Je voudrais **acheter**...
I want to buy...
aï w**a**nnt tou b**aï**...

J'**aimerais**...
I'd like...
aïd l**aï**k...

Cela me **convient**.
That suits me.
zatt s**iou**ts mï.

Combien cela **coûte**-t-il ?
How much does this cost ?
ha-au m**A**tch dAz ziss k**o**st ?

* En Angleterre et aux États-Unis on spécifie le moment de la journée : matin, après-midi, soir.

Moins cher... **moins** gras.
Cheaper... less fat.
tchïpeu... lèss fatt.

Plus gros... **plus** petit.
Larger... smaller.
lâdjeu... smauleu.

Merci, au revoir !
Thank you, good bye !
t'hannk you, goud baï !

Vocabulaire

Anchois	Anchovy	anntchevi
Anguille	Eel	ïl
Bar	Bass	bass
Brochet	Pike	païk
Cabillaud	Cod	kod
Calmar	Squid	skwid
Carpe	Carp	kâp
Colin	Hake	heïk
Congre	Conger-eel	konngueu-ïl
Coquilles Saint-Jacques	Scallops	skoleups
Crabe	Crab	krab
Crevette	Shrimp	ch'rimmp
Crustacés	Shellfish	chèlfich
Daurade	Bream	brïm
Écrevisse	Crayfish	kreïfich
Filet	Fillet	filitt
Fumé	Smoked	smOkt
Hareng	Herring	hèrinng
Homard	Lobster	lobsteu
Huîtres	Oysters	oïsteuz
Langouste	Crayfish	kreïfich
Maquereau	Mackerel	makreul
Mariné	Pickled, soused	pik'ld, saousst
Merlan	Whiting	waïtinn
Morue	Salt cod	sault kod

Moules	Mussels	m**A**ss'lz
Perche	Perch, Bass	**peu**tch, b**a**ss
Poisson	Fish	f**i**ch
Sardine	Sardine	sâd**i**nn
Saumon	Salmon	s**a**meun
Sole	Sole	s**O**l
Thon	Tunny (tuna) fish	t**A**ni (t**iou**neu) fich
Tranche de...	Slice of...	sla**ï**ss ov...
Truite	Trout	tra**ou**tt
Turbot	Turbot	t**eu**beutt

Police

police   peuliss

Le « policeman » anglais, que l'on appelle affectueusement « bobby », et qui arpente les rues de Londres, est toujours extrêmement courtois et n'est armé que d'un « truncheon » (matraque en caoutchouc). Si vous vous adressez à lui, sachez qu'il est préférable de l'appeler « officer » plutôt que « constable », même s'il n'en a pas le grade.

Aux États-Unis la police est sévère envers les contrevenants, surtout en ce qui concerne les limitations de vitesse. Sur les autoroutes, les motards surveillent la circulation ; évitez de les dépasser, à moins qu'ils ne vous fassent signe, et gardez la vitesse qu'ils vous imposent.

En situation

Où est le commissariat de police le plus proche ?
Where is the nearest police station ?
wair iz ze nieurèst peuliss steïcheunn ?

Pouvez-vous m'**aider** ?
Can you help me ?
kann you hèlp mï ?

C'est **arrivé** à l'hôtel... dans ma chambre... dans la rue... dans ma voiture... ce matin... cette nuit... hier... maintenant.
It happened at my hotel... in my room... in the street... in my car (*US* : automobile)... this morning... last night... yesterday... just now.
itt hapeund att maï hOtèl... inn maï roum... inn ze stritt... inn maï kâr (automebïl)... ziss mauninn... lâst naïtt... yèsteudeï... djAst na-au.

Je voudrais faire une **déclaration** de perte... de vol.
I want to declare having lost... having been robbed of.
aï wannt tou diklair havinn lost... havinn bïn robd ov.

On m'a volé... j'ai **perdu**... mon sac... mes papiers... mon
    passeport... ma valise... ma voiture... mon appareil
    photo.
I've been robbed of... I've lost... my bag... my papers...
    my passport... my suitcase... my car (*US* : automobile)...
    my camera.
aïv bïn robd ov... aïv lost... maï bag... maï peïpeuz... maï
    pâsspautt... maï soutkeïss... maï kâr (automebïl)... maï
    kamereu.

Je veux **porter plainte**.
I want to lodge a complaint.
aï wannt tou lodj e'kommpleïnnt.

On a **volé** dans ma voiture.
There's been a theft from my car.
zairz bïn e't'hèft from maï kâr.

Vocabulaire

Abîmer	(to) Damage	damidj
Accident	Accident	aksideunt
Accuser	(to) Accuse	ekiouz
Agent de police	Policeman	peulîsmann
Agression	Attack	etak
Amende	Fine	faïnn
Ambassade	Embassy	èmbeussi
Appareil photo	Camera	kamereu
Argent	Money	mAni
Assurance	Insurance	innchourèns
Avocat	Lawyer	loïeu
Bijoux	Jewels	djou-eulz
Certifier	(to) Certify	seutifaï
Collier	Necklace	nèkliss
Condamner	(to) Condemn	konndèm
Consulat	Consulate	konnsioulitt

Contravention	Fine	faïnn
Déclaration	Declaration	dèklereïcheunn
Défendre	(to) Defend	difènd
Drogue	Drugs	dr**A**gz
Enquête	Inquiry	innkwaïeri
Erreur	Error, mistake	èrreu, misteïk
Examiner	(to) Examine	igzaminn
Expertise	Expert valuation	èxpeutt valioueïcheunn
Fracturer	(to) Fracture	frakcheur
Innocent	Innocent	ineusseunt
Menacer	(to) Menace	mèniss
Nier	(to) Deny	dinaï
Passeport	Passport	pâsspautt
Perte	Loss	loss
Poche	Pocket	pokitt
Police (commissariat de)	Police station	peulîss steïcheunn
Portefeuille	Purse, wallet	peuss, walitt
Procès	Lawsuit	lausioutt
Procès-verbal	Charge	tchâdj
Responsable	Responsible	risponnsib'l
Sac	Bag	bag
Sac-à-main	Handbag	hanndbag
	(*US* : Purse)	peuss
Saisir	(to) Seize	sïz
Secours	Help	hèlp
Témoin	Witness	witniss
Valise	Suitcase	soutkeïss
Voiture	Car	kâr
	(*US* : Automobile)	automebïl
Vol	Theft, robbery	t'hèft, roberi
Voleur	Thief, robber	t'hïf, robeu

Politesse

courtesy   **keu**tissi
RENCONTRES
meeting people   mïtinn pïp'l

L'Anglais est réservé et courtois. Vous remarquerez que l'on ne se précipite pas pour vous serrer la main, ceci n'est pas un signe d'inimitié mais tout simplement de la retenue. L'Anglais est généralement prêt à rendre service à un étranger en difficulté. N'oubliez pas de dire, chaque fois qu'il est possible, « thank you », un manquement à cet élémentaire savoir-vivre ne vous serait pas pardonné.

Les Américains sont ouverts et hospitaliers. L'utilisation du prénom dès une première rencontre fait partie de leur enthousiasme pour les échanges spontanés et culturels. L'habitude veut que ce soit la femme qui fasse le premier pas, sachez donc montrer votre présence, mais attendez que l'on vous approche. L'Américain a la curiosité de tout ce qui se rapporte au vieux monde, on vous posera mille questions, même indiscrètes (ne vous en offensez pas), sur votre vie et vos habitudes.

En situation

Puis-je vous **accompagner** ?
May I accompany you ?
meï aï ek**A**mmpeuni you ?

Pourriez-vous m'**aider** à connaître votre région... votre
   ville ?
Can you help me to get to know the area... the town ?
kann you h**è**lp mï tou gu**è**tt tou n**O** ze **è**ria... ze t**a**oun ?

Vous êtes trop **aimable**.
You're so kind.
yau sO kaïnnd.

J'**aime** beaucoup votre pays.
I love your country.
aï lAv yau kAnntri.

Où **allez**-vous ?
Where are you going ?
waïr ar you gOinn ?

Comment s'**appelle**...
What do you call...
watt dou you kaul...

Comment vous **appelez**-vous ?
What's your name ?
watts yau neïm ?

Allons **boire** un verre.
Let's go and have a drink.
lèts gO annd hav e'drinnk.

Cessez de m'importuner !
Leave me alone !
lïv mï elOnn !

Je ne vous **comprends** pas bien.
I can't understand what you're saying.
aï kannt Anndeustannd watt yau seïnn.

Comptez sur moi !
Count on me !
kaount onn mï !

Je ne voudrais pas vous **déranger**.
I don't want to bother you.
aï dOnnt wannt tou bOzeu you.

Je suis **désolé** de ce retard.
I'm so sorry for being late.
aïm sO sori fau bïnn leïtt.

Avez-vous du **feu**, s'il vous plaît ?
Can you give me a light please ?
kann you guiv mï e'laïtt plïz ?

A quelle **heure** puis-je venir ?
At what time should I come ?
att watt teïm choud aï kAm ?

Heureux de vous connaître.
Pleased to meet you.
plïzd tou mïtt you.

Un **instant**, s'il vous plaît !
Just a moment please !
djAst e'mOmeunt plïz !

Merci pour cette **invitation** !
Thank you for the invitation !
t'hannk you fau ze innviteïcheunn !

Nous aimerions vous **inviter** à déjeuner... à dîner.
We vould like to invite you to lunch... to dinner.
wï woud laïk tou innvaïtt you tou lAnntch... tou dineu.

Êtes-vous **libre** ce soir ?
Are you free this evening ?
ar you frï ziss ïvninn ?

Madame... mademoiselle... monsieur... **parlez-vous**
français ?
Mrs... Miss... Mr... do you speak French ?
missiz... miss... misteu... dou you spïk frèntch ?

Parlez plus lentement.
Speak more slowly.
spïk mau slOli.

De quel **pays** venez-vous ?
What country do you come from ?
watt kAnntri dou you kAm from ?

Je me permets de vous **présenter** monsieur... madame...
mademoiselle.
Let me introduce Mr... Mrs... Miss... to you.
lètt mï inntrediouss misteu... missiz... miss... tou you.

Permettez-moi de me présenter ?
May I introduce myself ?
meï aï inntrediouss maïssèlf ?

Me **permettez-vous** de vous inviter à déjeuner... à dîner... à danser ?
May I invite you to lunch... to dinner... to dance ?
meï aï innvaïtt you tou lAnntch... tou dineu... tou dânns ?

Pouvez-vous **répéter**... me dire, s'il vous plaît ?
Please could you repeat... can you tell me ?
plïz koud you ripïtt... kann you tèl mï ?

Où peut-on se **retrouver** ?
Where can we meet ?
wair kann wï mïtt ?

Quand **revenez**-vous ?
When will you return ?
wènn wil you riteun ?

J'espère que nous nous **reverrons**.
I hope we'll meet again.
aï hOp wïl mïtt eguènn.

Je suis **seul**, voulez-vous m'accompagner ?
I'm alone, will you join me ?
aïm elOnn, wil you djoïnn mï ?

Pouvez-vous me laisser votre numéro de **téléphone** ?
Will you give me your phone number ?
wil you guiv mï yau fOnn nAmmbeu ?

Combien de **temps** restez-vous ?
How long are you staying ?
ha-au lonng ar you steïnn ?

Quel beau **temps**, n'est-ce pas ?
Beautiful weather, isn't it ?
bioutifoul wèzeu iz'nt itt ?

Je n'ai pas le **temps** de vous parler.
I've no time to talk.
aïv nO taïm tou tauk.

Depuis combien de **temps** êtes-vous ici ?
How long have you been here ?
ha-au lonng hav you bïnn hieu ?

Je suis en **vacances**... en **voyage d'affaires**.
I'm on holiday... on a business trip.
aïm onn holideï... onn e'bizniss trip.

Vocabulaire

A bientôt	See you soon	sï you **soun**
A ce soir	See you this evening	sï you ziss ïvninn
A demain	See you tomorrow	sï you toum**or**O
Adieu	Good bye	goud ba**ï**
Aider	(to) Help	h**è**lp
Aimerais (j')	I'd like	aïd la**ï**k
Asseyez-vous	Sit down	sitt da**ou**n
Attendez-moi	Wait for me	we**ï**tt fau mï
Au revoir	Good bye	goud ba**ï**
Avec plaisir	With pleasure	wiz pl**è**jeu
A votre service	At your disposal	**a**tt yau disp**O**seul
Beau	Good looking	goud **lou**kinn
Belle	Beautiful	b**iou**tifoul
Bien	Good	g**ou**d
Boire	(to) Drink	dri**nn**k
Bon	Good	g**ou**d
Bon appétit	Enjoy your meal	inndj**oï** yau m**ï**l
Bonjour madame	Good morning Madam	goud m**au**ninn madeum
— mademoiselle	— — Miss	— — miss
— Monsieur	— — Sir	— — seu
Bonne nuit	Good night	goud na**ï**tt
Bonsoir	Good evening	goud **ï**vninn
Ça va	All right	**au**lra**ï**tt
Certainement	Of course	ov k**au**ss
C'est délicieux	It's delicious	its dili**cheu**ss
C'est merveilleux	It's marvellous	its m**â**veleuss
C'est possible	It's possible	its p**o**sseub'l
Chaud (j'ai)	I'm hot	aïm h**o**tt
Comment allez-vous ? Bien, merci. Et vous ?	How are you ? Well than you, and you ?	ha-au ar y**ou** ? w**è**l t'h**a**nnk you annd y**ou**
Comprendre	(to) Understand	**A**nndeusta**nn**d
Déjeuner	(to) Lunch	l**A**nnch
De rien	You're welcome	yau w**è**lkeum
Dîner	(to) Dine	da**ï**nn
Dormir	(to) Sleep	sl**ï**p
Enchanté	Enchanted, delighted	inntch**â**nntid, dila**ï**tid

En retard	Late	leïtt
Entrez, je vous en prie	Please come in	plïz kAm inn
Excusez-moi	Excuse me	ixkiouz mï
Faim (j'ai)	I'm hungry	aïm hAnngri
Fatigué (je suis)	I'm tired	aïm taïeud
Froid (j'ai)	I'm cold	aïm kOld
Heureux	Happy	hapi
Instant	Moment	mOmeunt
Invitation	Invitation	innviteïcheunn
Inviter	(to) Invite	innvaïtt
Merci	Thank you	t'hannk you
Merci beaucoup	Thank you very much	t'hannk you vèri mAtch
Non	No	nO
Oui	Yes	yèss
Pardon	Sorry	sori
Parler	(to) Talk	tauk
Perdu (je suis)	I'm lost	aïm lost
Permettez-moi	Allow me	elaou mï
Peut-être	Perhaps	peuhaps (praps)
Pourquoi ?	Why ?	waï
Pourriez-vous ?	Could you ?	koud you
Présenter	(to) Introduce	inntrediouss
Pressé (je suis)	I'm in a hurry	aïm inn e'hAri
Quand ?	When ?	wènn
Quelle heure ? (à)	At what time ?	att watt taïm
Regretter	(to) Regret	rigrètt
Répéter	(to) Repeat	ripïtt
S'il vous plaît	Please	plïz
Soif (j'ai)	I'm thirsty	aïm t'heusti
Sommeil (j'ai)	I'm sleepy	aïm slïpi
Très bien	Very well, excellent	vèri wèl, èkseleunt
Visiter	(to) Visit	vizitt
Volontiers	With pleasure	wiz plèjeu
Voudrais (je)	I'd like	aïd laïk

Poste

post office   pOst ofiss

TÉLÉPHONE

telephone   télifOnn

Téléphone et télégramme ne font pas partie du service des postes ni en Grande-Bretagne ni aux États-Unis. On ne peut pas téléphoner d'un bureau de poste. On ne peut pas non plus télégraphier, si ce n'est à partir d'un téléphone.

En situation

Où est le bureau de poste... la boîte aux lettres.. la cabine téléphonique ?
Where's the Post Office... the letter (*US :* mail) box... the telephone box ?
wair iz ze p**O**st ofiss... ze l**è**teu (me**ï**ll) box... ze télifOnn box ?

Quand **arrivera** cette lettre ?
When will this letter arrive ?
wènn wil ziss lèteu eraïv ?

Avez-vous du **courrier** pour moi ?
Do you have any mail for me ?
dou you h**a**v èni me**ï**ll fau mï ?

Combien vous **dois**-je ?
How much do I owe you ?
ha-au m**A**tch dou aï **O** you ?

A quel **guichet** vend-on des timbres... des timbres de collection ?
At which counter can I buy some stamps... some collector's stamps ?
att witch k**a**ounteu kann aï b**a**ï s**A**m stammps... s**A**m kel**è**kteuss stammps ?

A quel guichet puis-je toucher un **mandat** ?
At which counter can I cash a money order ?
att witch kaounteu kann aï kach e'mAni audeu ?

Pouvez-vous me faire de la **monnaie** ?
Can you give me some change ?
kann you guiv mï sAm tcheïndj ?

Quelles sont les heures d'**ouverture** de la poste ?
At what time is the Post Office open ?
att watt taïm iz ze pOst ofiss Op'n ?

Je désire envoyer un **paquet** par avion... en express... en
recommandé.
I want to sent a parcel by air mail... express... registered.
aï wannt tou sènd e'pâs'l baï **air** meïll... ixprèss... rèdjisteud.

La lettre **partira**-t-elle aujourd'hui ?
Will the letter be sent today ?
wil ze lèteu bï sènt toudeï ?

Allô ! Je voudrais parler à...
Hello ! I'd like to speak to...
heulO aïd laïk tou spïk tou...

Je voudrais **téléphoner** en P.C.V... avec préavis.
I'd like to call reversed charge (*US :* collect)... personal
call (*US :* person to person).
aïd laïk tou kaul rivèust tchâdj (kelèkt)... peusn'l kaul (peus'n tou
peus'n).

Vocabulaire

Abonné	Subscriber	sAbskraïbeu
Adresse	Address	edrèss
Aérogramme	Air mail form	**air** meïll faum
ALLO !	HELLO !	heulO
Annuaire	Telephone directory	tèlifOnn dirèkteri
Appareil	Telephone	tèlifOnn
Attendre	(to) Wait	weïtt
Boîte aux lettres	Letter box	lèteu box
	(*US :* Mailbox)	meïlbox

Carte postale	Postcard	pOstkâd
Colis	Parcel	pâs'l
Communication	Communication	kemiounikeïcheunn
Coupez pas (ne)	Hold on	hOld onn
Courrier	Post	pOst
	(*US* : Mail)	meïll
Demander	(to) Ask	ask
Dérangement	Out of order	aoutt ov audeu
Distribution	Delivery	diliveri
Entendre	(to) Hear	hieu
Expédier	(to) Post	pOst
	(*US* : Mail)	meïll
Expéditeur	Sender	sèndeu
Exprès	Express	ixprèss
Facteur	Postman	pOstmann
Faux numéro	Wrong number	ronng nAmmbeu
Formulaire	Form	faum
Guichet	Counter	kaounteu
Informations	Information	innfeumeïcheunn
Jeton	Token	tOk'n
Lettre	Letter	lèteu
Levée	Collection	kelèkcheunn
Ligne	Line	laïnn
Mandat	Money order	mAni audeu
Message	Message	mèssidj
Monnaie	Change	tcheïndj
Numéro	Number	nAmmbeu
Paquets	Parcels	pâs'lz
Par avion	Air mail	air meïll
P.C.V.	Reversed charge call	riveusd tchâdj kaul
	(*US* : Collect call)	kelèkt kaul
Poste restante	Poste restante	pOst rèstantt
	General delivery	djénereul diliveri
Rappeler	(to) Call back	kaul bak
Recommandé	Registered mail	rèdjisteud meïll
Tarif	Cost, tariff	kost, tarif
Taxe	Tax	tax
Taxiphone	Public call box	pAblik kaul box
Télégrammes	Telegrams	téligramz

Téléphone	Telephone	télifOnn
Télex	Telex	tèlex
Timbres	Stamps	stammps
Timbres de collection	Collector's stamps	kelèkteuss stammps
Urgent	Urgent	eudjeunt
Valeur déclarée	Value declared	valiou diklaird

Tableau d'épellation

A	for Apple	eï	fau ap'l
B	for Basil	bï	fau baz'l
C	for Charlie	sï	fau tchâli
D	for David	dï	fau deïvid
E	for Edward	ï	fau èdweud
F	for Freddy	èf	fau frèdi
G	for George	djï	fau djaudj
H	for Harry	eïtch	fau hari
I	for Isaac	aï	fau aïzeuk
J	for Jack	djeï	fau djak
K	for King	keï	fau kinng
L	for Lucy	èl	fau loussi
M	for Mary	èmm	fau mairi
N	for Nellie	ènn	fau nèli
O	for Oscar	O	fau oskeu
P	for Peter	pï	for pïteu
Q	for Queen	kiou	fau kwïnn
R	for Robert	ar	fau robeutt
S	for Susan	èss	fau souz'n
T	for Tommy	tï	fau tomi
U	for Uncle	iou	fau Ank'l
V	for Victor	vï	fau vikteu
W	for William	dAbliou	fau wilieum
X	for X-ray	èks	fau èksreï
Y	for Yellow	waï	fau yèlO
Z	for zebra	zèd	fau zïbreu
			(*US* : zï fau zïbreu)

Restauration

eating out   ïtinn aoutt

Depuis l'ère victorienne, l'Angleterre a la réputation d'avoir une cuisine sans saveur, mais elle ne mérite pas toujours cette étiquette péjorative. Il existe à Londres des restaurants servant de la « bonne cuisine anglaise à l'ancienne ». On peut y manger du gibier à la gelée d'airelles (et non pas à la confiture !), du bœuf à la ficelle, du « steak and kidney pie » (qui peut être un plat délicieux) ou du rôti de bœuf avec du « Yorkshire pudding » (pâte à choux salée). Sachez que le vin est très cher, mais qu'il existe des « wine bars » servant repas et verres de vin à prix raisonnables.

Si les restaurants sont coûteux, on peut cependant se restaurer à meilleur marché dans :

— les « fish and chips », où l'on peut consommer sur place ou emporter du poisson toujours très frais : morue, carrelet en beignets, servi avec des frites et enveloppé dans du papier journal, le tout arrosé de vinaigre ;

— les nombreux restaurants chinois et indiens (existant dans toutes les grandes villes), italiens, espagnols, mexicains...

Les « pubs » (le bistrot anglais) servent assez souvent des repas économiques à midi. Les heures d'ouverture en sont limitées par la loi : de 11 heures 30 à 15 heures et de 17 heures à 23 heures en semaine, de 12 heures à 14 heures et de 19 heures à 22 heures 30 le dimanche. L'entrée est formellement interdite aux moins de 16 ans et la consommation de boissons interdite aux moins de 18 ans. Le déjeuner se compose généralement d'un plat unique, par exemple le « shepherd's pie » (genre de hachis parmentier), ou d'en-cas variés : « Cornish pastry » (chausson rempli d'un mélange de viande, oignons et pommes de terre), « Scotch egg » (œuf dur enrobé de porc haché, roulé dans la chapelure et frit, servi froid), ou « ploughman's lunch » (morceau de pain, fromage de cheddar ou de cheshire, gros oignons confits au vinaigre).

Le service est presque toujours compris, mais il est d'usage de laisser un pourboire si l'on est satisfait.

Aux États-Unis, il existe une grande diversité de formules de restauration. Les restaurants sont chers (surtout s'ils sont français). Les « fast food » sont très répandus ; plutôt que le classique « hamburger », essayez le « turkey club » (double ou triple sandwich grillé avec dinde, bacon, laitue, tomates), ou encore les salades : « cole slaw » (chou blanc blanchi, en fines lamelles à la mayonnaise), « chef's salad » (jambon, poulet, fromage, crudités), servies avec une variété de sauces « thousand island » (mayonnaise relevée avec cerneaux de noix, œufs, poivrons verts), « blue cheese » (mayonnaise au roquefort) ; la vinaigrette « French dressing » est plutôt sucrée.

Vous trouverez de nombreux restaurants étrangers : chinois, mexicains, créoles, italiens... Les « delicatessens » servent une cuisine d'origine yiddish : le « lox and begels » (saumon fumé et petits anneaux de pain), le « pastrami » (bœuf salé) et de copieux sandwiches.

Il n'y a pas à proprement parler de cuisine régionale, les plats sont à peu près les mêmes au nord et au sud du pays. Il existe néanmoins des spécialités classiques : le « chili con carne » par exemple (viande hachée avec des haricots rouges mijotés dans une sauce piquante) ; le « Kentucky fried chicken » (morceaux de poulet panés et frits) ; le « clam chowder » (soupe aux palourdes) ; les « spare ribs » (fines côtes de porc grillées servies avec une sauce aigre-douce).

Si vous ne voulez pas arroser vos repas avec les bonnes bières ou les sodas américains, essayez du vin de la Californie (le vin français est cher).

Il est d'usage de laisser un pourboire de 15 p. 100 (le service n'étant pas compris).

En situation

Pouvez-vous m'indiquer un bon restaurant... un
   restaurant bon marché... à prix raisonnable ?
Can you tell me where I can find a good restaurant...
   a cheap restaurant... at a reasonable price ?
kann you **tèl** mï **wair** aï kann **faïnnd** e'goud **rèster**antt...
   e'**tchïp rèster**antt... att e'**rïzneub'l praïss** ?

Pouvons-nous déjeuner... dîner ?
May we lunch... dine ?
meï wï l**Annch**... d**aïnn** ?

S'il vous plaît, je voudrais une **boisson**... chaude... froide
   fraîche... une bière... un jus de fruits... un verre de...
I'd like a hot... cold... iced... drink... a bear... a fruit juice... a
   glass of... please...
aïd l**aïk** e'h**ott**... k**O**ld... **aïss**d... dr**innk**... e'b**ieu**... e'fr**outt** dj**ouss**...
   e'gl**âss** ov... pl**ïz**...

Apportez-moi la **carte**, s'il vous plaît.
Can you bring me the menu please.
kann you br**innng** mï ze m**èn**iou pl**ïz**.

Que me **conseillez-vous** sur cette **carte** ?
What do you recommend on the menu ?
w**att** dou you rékeum**ènd** onn ze m**èn**iou ?

Je n'ai pas **commandé** cela.
That's not what I ordered.
z**att**s n**o**tt w**att** aï **au**deud.

C'est trop **cuit**... pas assez cuit.
It's overcooked... undercooked.
its **O**veuk**ou**kt... **A**nndeuk**ou**kt.

Je ne désire pas d'**entrée**.
I don't want a starter.
aï d**O**nnt w**ann**t e'st**â**teu.

Il y a une **erreur**.
There's a mistake.
z**air**z e'mist**eï**k.

Est-ce **fromage** ou dessert, ou les deux ?
Is it cheese or dessert, or both ?
iz itt tch**ïz** or diz**eu**tt, or b**O**t'h ?

Servez-vous un **menu à prix fixe** ?
Do you serve a fixed price menu ?
dou you s**eu**v e'**fix**'d pra**ï**ss m**è**niou ?

Pouvez-vous **réchauffer** ce plat, il est froid ?
This dish is cold, can you please reheat it ?
ziss dich iz k**O**ld, kann you pl**í**z rih**ï**tt itt ?

J'ai **réservé** une table pour deux personnes.
I've booked (*US :* reserved) a table for two.
a**ï**v b**ou**kt (riz**euv**d) e'**teï**b'l fau t**ou**.

Je voudrais **réserver** pour quatre personnes.
I'd like to book (*US :* reserve) for four.
a**ï**d la**ï**k tou b**ou**k (ris**euv**) fau f**au**.

Le **service** est-il compris ?
Is the service included ?
iz ze s**eu**viss inncl**ou**did ?

Ce **vin** sent le bouchon.
This wine is corked.
ziss wa**ï**nn iz k**au**kt.

L'addition s'il vous plaît.
The bill (*US :* check) please.
ze bil (tch**è**k) pl**í**z.

Vocabulaire

Addition	Bill	bil
	(*US :* Check)	tch**è**k
Agneau (viande)	Lamb	lamm
Ail (avec)	With garlic	wiz g**â**lik
— (sans)	Without garlic	wizaoutt g**â**lik
Ananas	Pineapple	pa**ï**nap'l
Anchois	Anchovy	**a**nntchevi
Apéritif	Aperitif	ep**è**ritiv
Artichaut	Artichoke	**â**titchOk
Asperges	Asparagus	euspar**eu**gueuss
Assaisonner	(to) Season	s**í**z'n
Assiette	Plate	pl**eï**tt
Beurre	Butter	b**A**teu

Bière blonde	Pale ale, lager	peïll eïll, lâgueu
— bouteille	Bottled beer	bot'ld bieu
— brune	Brown ale	braoun eïll
— pression	Draught beer	drâft bieu
Bœuf	Beef	bïf
Boire	(to) Drink	drinnk
Boissons	Drinks	drinnks
Bouilli	Boiled	boïld
Braisé	Stewed, braised	stioud, breïzd
Brûlé	Burnt	beuntt
Café	Coffee	kofi
— fort	Strong coffee	stronng kofi
— léger	Weak coffee	wïk kofi
— au lait	Coffee with milk	kofi wiz milk
Caille	Quail	kweïll
Canard	Duck	dAk
Carafe (eau)	Jug	djAg
Carafe (vin)	Carafe	keuraf
Carotte	Carrot	kareutt
Cendrier	Ashtray	achtreï
Champignons	Mushrooms	mAchroumz
Charcuterie	Cold cuts	kOld kAtts
Chaud	Hot	hott
Chocolat	Chocolate	tchoklitt
Citron	Lemon	lèm'n
Complet	Full	foul
Courgettes	Courgettes	kourgètts
Couteau	Knife	naïf
Couverts	Cutlery	kAtleri
Cuiller à soupe	Soup spoon	soup spoun
— (petite)	Teaspoon	tïspoun
Cuit	Cooked	koukt
— (bien)	Well cooked	wèl koukt
— (peu)	Undercooked	Anndeukoukt
— (au four)	Baked	beïkt
— (à la vapeur)	Steamed	stïmd
Cure-dent	Toothpick	tout'h-pik
Déjeuner	Lunch	lAnnch
Déjeuner (petit)	Breakfast	brèkfeust

Dessert	Dessert	dizeutt
Diététique	Health food	hèlt'h foud
Eau minérale gazeuse	Sparkling mineral water	spâklinn minereul wauteu
— minérale plate	Mineral water	minereul wauteu
Entrée	Starter	stâteu
Épices	Spices	spaïssiz
Faim	Hunger	heunngueu
Farci	Stuffed	stAft
Foie	Liver	liveu
Fourchette	Fork	fauk
Frais	Iced	aïssd
Frit	Fried	fraïd
Frites	French fries	frèntch fraïz
Fromage	Cheese	tchïz
Fruit	Fruit	froutt
Garçon	Waiter	weïteu
Gibier	Game	gueïm
Gigot	Leg of lamb	lèg ov lamm
Glace	Ice	aïss
— (dessert)	Ice-cream	aïskrïm
Goût	Taste	teïst
Grillé	Grilled	grïld
Haricots en grains	Beans	bïnnz
— verts	Green beans (*US* : French beans)	grïnn bïnnz frèntch bïnnz
Hors d'œuvre	Hors d'œuvre, starters	**au**deuvr, stâteuz
Huile	Oil	oïll
— d'olive	Olive oil	oliv oïll
Jus de fruits	Fruit juice	froutt djouss
— de viande	Gravy	greïvi
Langoustines	Scampi	skammpi
Lapin	Rabbit	rabitt
Légumes	Vegetables	vèdjetèb'lz
Manger	(to) Eat	ïtt
Menu	Menu	mèniou
Moutarde	Mustard	mAsteud
Mouton	Mutton	mAt'n
Nappe	Tablecloth	teïb'lklot'h

Nouilles	Noodles	noud'lz
Œufs brouillés	Scrambled eggs	skrammb'ld ègz
— à la coque	Boiled eggs	boïld ègz
— au plat	Fried eggs	fraïd ègz
— durs	Hard boiled eggs	hâd boïll ègz
Oignons	Onions	Anieunn
Omelette	Omelette	omlitt
Ouvert	Open	Op'n
Orange	Orange	orinndj
Pâtisserie	Pastry	peïstri
Petits pois	Green peas	grïnn pïz
Pichet	Jug	djAg
Plat	Dish	dich
— du jour	Course of the day	kauss ov ze deï
Point (à)	Medium cooked	mïdieum koukt
Poisson	Fish	fich
Poivre	Pepper	pèpeu
Pomme de terre	Potato	peteïtO
Porc	Pork	pauk
Portion	Piece, portion	pïss, paucheunn
Potage	Soup	soup
Poulet	Chicken	tchikinn
Riz	Rice	raïss
Rôti	Roast	rOst
Saignant	Medium rare	mïdieum raïr
Salade	Salad	saleud
Sauce	Sauce	sauss
Sel	Salt	sault
— (sans)	Salt-free	sault-frï
Serviette	Napkin	napkinn
Sorbet	Sorbet	saubeï
Steak	Steak	steïk
— haché	Minced beef	minnst bïf
Sucre	Sugar	chougueu
Tarte	Tart	tâtt
Tasse	Cup	kAp
Tendre	Tender	tèndeu
Thé	Tea	tï
Tomate	Tomato	temâtO

Tranche	Slice	slaïss
Veau	Veal	vïl
Verre	Glass	glâss
Viande	Meat	mïtt
Vin	Wine	waïnn
— blanc	White wine	waïtt waïnn
— rouge	Red wine	rèd waïnn
Vinaigre	Vinegar	vinigueu
Volailles	Poultry, fowl	pOltri, faoull

Santé

health ˜ hèlt'h

Le système de sécurité sociale (National Health) anglais permet non seulement aux nationaux mais aussi aux étrangers de bénéficier de soins gratuits. Les médicaments prescrits sont également gratuits, mais un forfait dérisoire vous sera réclamé par le pharmacien.

Aux États-Unis les soins médicaux et dentaires sont payables immédiatement ; en cas d'hospitalisation un forfait vous sera demandé d'avance. Prévoyez une assurance avant votre départ pour éviter les mauvaises surprises.

En situation

J'ai une **allergie** à...
I'm allergic to...
aïm el**eu**djik tou...

Voulez-vous **appeler** un médecin ?
Call a doctor please ?
k**au**l e'd**o**cteu pl**ï**z ?

Où puis-je trouver un **dentiste** ?
Where can I find a dentist ?
w**ai**r kann aï f**aï**nnd e d**è**ntist ?

Je ne connais pas mon **groupe sanguin**.
I dont' know my blood group.
aï d**O**nnt n**O** maï bl**A**d group.

Mon **groupe sanguin** est...
My blood group is...
maï bl**A**d group **i**z...

Je suis (il ou elle est) **hémophile**.
I'm (he or she is) haemophiliac.
aïm (hï or chï iz) hïmOfïliak.

Où se trouve l'**hôpital** ?
Where's the hospital ?
w**ai**rz ze h**o**spit'l ?

Où est la **pharmacie** la plus proche ?
Where's the nearest chemist ?
w**ai**rz ze nieurèst kèmist ?

Je voudrais un **rendez-vous** le plus tôt possible.
I'd like an appointment as soon as possible.
aïd la**ï**k eun ep**oï**nntmeunt az s**ou**n az p**o**sseub'l.

Envoyez-moi du **secours**.
Send for help.
s**è**nd fau h**è**lp.

C'est **urgent** !
It's an emergency !
its eun im**eu**djeunsi !

Unités de soins

Cardiologie	Cardiology	kardi**o**leudji
Chirurgie	Surgery	s**eu**djeri
Consultation	Consultation	konnseulte**ï**cheunn
Dermatologie	Dermatology	deumet**o**leudji
Gastro-entérologie	Gastro-enterology	g**a**strO-ènteur**o**leudji
Gynécologie	Gynaecology	gaïnik**o**leudji
Infirmerie	Infirmary	innf**eu**meri
Médecine générale	General medicine	dj**è**neureul m**è**dsinn
Neurologie	Neurology	nieur**o**leudji
Obstétrique	Obstetrics	obst**è**triks
Ophtalmologie	Ophthalmology	oft'halm**o**leudji
Oto-rhino-laryngologie	Otorhinolaryngology (ear-nose and throat)	otora**ï**nolari**nn**g**o**leudji **ï**eu-n**O**z annd t'hr**O**tt
Pédiatrie	Paediatrics	pïdi**a**triks
Pneumologie	Pneumology	nioum**o**leudji

Radiologie	Radiology	reïdioleudji
Urgences	Emergencies	imeudjeunsiz
Urologie	Urology	iouroleudji

Dentiste

dentist   dèntist

En situation

Je veux une **anesthésie**.
I want an anaesthetic.
aï wannt eun anist'hètik.

> Il faut extraire la **dent**.
> The tooth must be extracted.
> ze tout'h mAst bï ixtraktid.

Cette **dent** bouge.
This tooth is loose.
ziss tout'h iz louss.

Ma **gencive** est douloureuse.
My gum is sore.
maï gAm iz sau.

J'ai très **mal** en bas... devant... au fond... en haut.
It hurts down here... in front... at the back... up here.
itt heutts daoun hieu... inn frAnnt... att ze bak... Ap hieu...

J'ai perdu mon **plombage**... ma couronne...
I've lost a filling... a crown...
aïv lost e'filinn... e'kraoun...

> **Rincez**-vous.
> Rince your mouth.
> rïnns yau maout'h.

Je préférerais des **soins provisoires**.
I'd rather a temporary treatment.
aïd râzeu e'tèmpereri trïtmeunt.

Vocabulaire

Abcès	Abscess	**abs**iss
Anesthésie	Anaesthetic	anist'hètik
Appareil	Braces	breïssiz
Bouche	Mouth	maout'h
Bridge	Bridge	bridj
Cabinet de consultation	Consulting room	konnseultinn roum
Carie	Decay	dikeï
Couronne	Crown	kraoun
Dent	Tooth	tout'h
Dent de sagesse	Wisdom tooth	wizdeum tout'h
Dentier	Denture	dèntcheu
Gencive	Gum	gAm
Incisive	Incisor	innsaïzeu
Inflammation	Inflammation	innflemeïcheunn
Mâchoire	Jaw	djau
Molaire	Molar	mOleu
Obturer	(to) Fill	fil
Pansement	Temporary filling	tèmpereri filinn
Piqûre	Injection	inndjèkcheunn
Plombage	Filling	filinn
Saigner	(to) Bleed	blïd

Hôpital/médecin
hospital/doctor   hospit'l/dokteu

En situation

J'**ai** des coliques... des courbatures.
I've got diarrhoea... aches and pains.
aïv g**o**tt ze daïeurieu... e**ï**ks annd pe**ï**nnz.

J'**ai** de la fièvre... des frissons.
I've got a fever, a temperature... I'm shivery.
aïv g**o**tt e'f**ï**veu, e'tèmpritcheu... **a**ïm chiveri.

J'**ai** des insomnies.
I can't sleep.
aï kannt slïp.

J'**ai** la nausée.
I'm feeling nauseous, sick.
aïm fïlinn na**u**zieuss, sik.

J'**ai** des vertiges.
I'm feeling dizzy.
aïm fïlinn d**i**zi.

> Des **analyses** sont nécessaires.
> Some tests are necessary.
> sAm t**è**sts ar n**è**cisseri.

Je suis **cardiaque**.
I have cardiac trouble.
aï hav k**â**diak tr**A**bl.

Je suis **enceinte**.
I'm pregnant.
aïm pr**è**gneunt.

> Depuis combien de **temps** ?
> Since when ?
> sïnns w**è**nn ?

A quelle **heure** est la consultation ?
At what time is the consultation ?
att w**a**tt t**a**ïm iz ze konnseult**e**ïcheunn ?

> Il faut aller à l'**hôpital**.
> You must go to hospital.
> you m**A**st g**O** tou h**o**spit'l.

> Vous avez une **infection**.
> You've got an infection.
> y**o**uv g**o**tt eun innf**è**kcheunn.

J'ai **mal** ici... dans le dos... à la gorge... à la tête... au ventre.
I've got a pain here... in my back... in my throat... in my head... in my stomach.
aïv g**o**tt e'p**e**ïnn hieu... inn maï b**a**k... inn maï t'hr**O**tt... inn maï h**è**d... inn maï st**A**meuk.

Je suis **malade**.
I'm sick, ill.
aïm sik, il.

Nous devons **opérer**.
We'll have to operate.
wïl hav tou opereïtt.

Ouvrez la bouche.
Open your mouth.
Op'n yau maout'h.

Je vais vous faire une **piqûre**.
I'm going to give you an injection.
aïm gOinn tou guiv you eun innjèkcheunn.

Respirez à fond.
Breathe deeply.
brïz dïpli.

Je ne me **sens** pas bien.
I don't feel well.
aï dOnnt fïl wèl.

Êtes-vous vacciné contre le **tétanos** ?
Are you vaccinated against tetanus ?
ar you vaxineïtid egueïnnst téteneus ?

Tirez la langue.
Stick you tongue out.
stik yau tAnng aoutt.

Toussez.
Cough.
kof.

Vocabulaire

Abcès	Abscess	absiss
Allergique	Allergic	eleudjik
Ambulance	Ambulance	ammbiouleuns
Ampoule	Blister	blisteu
Anesthésie	Anaesthetic	anist'hètik

Angine	Sore throat	**sau** t'hr**O**tt
— de poitrine	Angina (pectoris)	**anndjaïneu** (**pèk**toriss)
Appendicite	Appendicitis	eup**è**ndis**aï**tiss
Artère	Artery	**â**teri
Articulation	Articulation, joint	**â**tikioule**ï**cheunn, dj**oï**nnt
Asthme	Asthma	**a**ssmeu
Avaler	(to) Swallow	sw**a**lO
Blessure	Wound	**wou**nd
Bouche	Mouth	m**aou**t'h
Bras	Arm	**â**m
Brûlure	Burn	b**eu**nn
Cabinet de consultation	Consulting room	konns**eu**ltinn **rou**m
Cardiaque	Cardiac	k**â**diak
Cheville	Ankle	**a**nnk'l
Choc (état de)	State of shock	st**eï**tt ov ch**o**k
Clavicule	Collar bone	k**o**leu b**O**nn
Cœur	Heart	h**â**tt
Colique hépatique	Hepatic colic	hep**a**tik k**o**lik
— néphrétique	Nephritic —	néfr**i**tik
Colonne vertébrale	Spine	sp**aï**nn
Constipation	Constipation	konnstipe**ï**cheunn
Convulsion	Convulsion	konnv**A**lcheunn
Coqueluche	Whooping cough	**hou**pinn k**o**f
Côte	Rib	rib
Cou	Neck	n**è**k
Coude	Elbow	**è**lb**O**
Coup de soleil	Sunburn	s**A**nnbeunn
Coupure	Cut	k**A**tt
Crampe	Cramp	kr**a**mmp
Cuisse	Thigh	t'h**aï**
Délire	Delirium	dil**i**rieum
Dent	Tooth	t**ou**t'h
Dentiste	Dentist	d**è**ntist
Dépression	Depression	dipr**è**cheunn
Diabétique	Diabetic	daïeub**è**tik
Diarrhée	Diarrhoea	daïeur**ï**eu
Digérer	(to) Digest	daïdj**è**st
Docteur	Doctor	d**o**kteu

Doigt	Finger	finngueu
Douleur	Pain	peïnn
Droite (à)	To the right	tou ze raïtt
Enceinte	Pregnant	prègneunt
Entorse	Sprain	spreïnn
Épaule	Shoulder	chOldeu
Estomac	Stomach	stAmeuk
Fièvre	Fever, temperature	fiveu, tèmpritcheu
Foie	Liver	liveu
Foulure	Sprain	spreïnn
Fracture	Fracture	fraktcheu
Furoncle	Boil	boïll
Gauche (à)	To the left	tou ze lèft
Genou	Knee	nï
Gorge	Throat	t'hrOtt
Grippe	Flu	**flou**
Hanche	Hip	hip
Hématome	Bruise	brouz
Hémophile	Haemophiliac	himOfiliak
Hémorroïdes	Haemorrhoids	hèmeroïdz
Hôpital	Hospital	hospit'l
Indigestion	Indigestion	inndidjèstcheunn
Infarctus	Stroke	strOk
Infection	Infection	innfèkcheunn
Inflammation	Inflammation	innflemeïcheunn
Insolation	Sunstroke	sAnnstrOk
Intestins	Intestine	inntèstinn
Jambe	Leg	lèg
Langue	Tongue	tAnng
Lèvres	Lips	lips
Mâchoire	Jaw	djau
Main	Hand	hannd
Médecin	Doctor	dokteu
Médicament	Drug, medicine	drAg, mèdsinn
Morsure chien	Dog bite	dog baïtt
— serpent	Snake bite	sneïk baïtt
Muscle	Muscle	mAss'l
Nausée	Nausea	nauzieu
Nerf	Nerve	neuv

Nez	Nose	nOz
Œil	Eye	aï
Ordonnance	Prescription	priskripcheunn
Oreilles	Ears	ieuz
Oreillons	Mumps	mAmmps
Orgelet	Stye	staï
Os	Bone	bOnn
Otite	Earache	ieureïk
Peau	Skin	skinn
Pied	Foot	foutt
Piqûre d'abeille	Bee sting	bï stinng
— d'insecte	Insecte bite	innsèkt baïtt
— de méduse	Jellyfish sting	djèlifich stinng
Pleurésie	Pleurisy	plourizi
Poignet	Wrist	rist
Poitrine	Chest	tchèst
Poumon	Lung	lAnng
Prostate	Prostate	prosteïtt
Refroidissement	Chill	tchil
Rein	Kidney	kidni
Respirer	(to) Breathe	brïz
Rhumatisme	Rheumatism	roumetizeum
Rhume	Cold	kOld
Rougeole	Measles	mïz'lz
Rotule	Kneecap, patella	nïkap, petèleu
Rubéole	German measles	djeumeun mïz'lz
Sang	Blood	blAd
Scarlatine	Scarlet fever	skâlitt fïveu
Sciatique	sciatica	saïatikeu
Sein	Breast	brèst
Selles	Stools	stoulz
S.I.D.A.	A.I.D.S.	eïdz
Sinusite	Sinusitis	saïnezaïtiss
Somnifère	Sleeping pill	slïpinn pil
Stérilet	I.U.D.	aï you dï
Système nerveux	Nervous system	neuveuss sisteum
Talon	Heel	hïl
Tendon	Tendon	tèndeunn
Tension	Pressure	prècheu

Tête	Head	hèd
Toux	Cough	kof
Toxicomane	Drug addict	drAg adikt
Tranquillisant	Tranquillizer	trannkwil-laïzeu
Ulcère	Ulcer	Alseu
Urine	Urine	iourinn
Varicelle	Chicken pox	tchikeun pox
Veine	Vein	veïnn
Vésicule	Spleen	splïnn
Vessie	Bladder	blAddeu
Visage	Face	feïss

Pharmacie

chemist   kèmist

En situation

Pouvez-vous m'indiquer une pharmacie de garde ?
Where can I find a chemist in service ?
wair kann aï faïnnd e'kèmist inn seuviss ?

Avez-vous ce **médicament** sous une autre forme ?
Do you have this drug in another form ?
dou you hav ziss drAg inn enazeu faum ?

Pouvez-vous me préparer cette **ordonnance** ?
Can you make this prescription up for me ?
kann you meïk ziss priskriptcheunn Ap fau mï ?

J'ai besoin d'un **remède** contre le mal de tête.
I need a remedy for a headache.
aï nïd e'rèmeudi fau e'hèdeïk.

Avez-vous quelque chose pour **soigner** la toux ?
Do you have something for a cough ?
dou you hav sAmt'hinn fau e'kof ?

Vocabulaire

A jeun	With an empty stomak	wiz eun **è**mpti st**A**meuk
Alcool	Alcohol	**a**lkeuhol
Analyse	Analysis	eun**a**leuziss
Antidote	Antidote	**a**nntid**O**tt
Antiseptique	Antiseptic	**a**nntis**è**ptik
Aspirine	Aspirin	**a**sprinn
Bactéricide	Bactericidal	b**a**ktieuri-s**a**ïd'l
Bandage	Bandage	b**a**nndidj
Bouillotte	Hot-water bottle	h**o**tt w**a**uteu b**o**t'l
Calmant	Tranquillizer	tr**a**nnkwil-l**a**ïzeu
Cataplasme	Poultice	p**O**ltiss
Collyre	Eyewash	**a**ïw**o**ch
Compresse	Compress	k**o**mmprèss
Comprimé	Tablet	t**a**blitt
Contraceptif	Contraceptive	konntres**è**ptiv
Coton	Cotton wool	k**o**t'n w**ou**l
Coup de soleil	Sunburn	s**A**nnbeunn
Désinfectant	Disinfectant	dizinnf**è**kteunt
Gouttes pour le nez	Nose drops	n**O**z dr**A**ps
— pour les oreilles	Ear drops	**i**eur dr**A**ps
— pour les yeux	Eyedrops	**a**ïdr**A**ps
Laxatif	Laxative	l**a**xeutiv
Mouchoirs en papier	Paper handkerchiefs	p**e**ïpeu h**a**nnkeutchifs
Ordonnance	Prescription	priskr**i**pcheunn
Pansement	Bandage	b**a**nndidj
PHARMACIE DE GARDE	CHEMIST IN SERVICE	e'k**è**mist inn s**eu**viss
Pillule contraceptive	Contraceptive pill	konntres**è**ptiv pil
Pommade contre les brûlures	Burn ointment	b**eu**nn **o**ïntmeunt
— anti-infection	Disinfecting ointment	dizinnf**è**ktinn **o**ïntmeunt
Préservatifs	Preservatives, condoms	priz**eu**vetivz, k**o**nndeumz
Produit anti-moustique	Mosquito repellent	mosk**ï**tO rip**è**leunt

Remontant	Tonic	tonik
Serviettes hygiéniques	Sanitary towels	saniteri taoeulz
Sirop	Syrup	sireup
Somnifère	Sleeping pill	slípinn pil
Sparadrap	Sticking plaster	stikinn plâsteu
	(*US* : Adhesive tape)	eudhïziv teïp
Stérilet	I.U.D.	aï you dï
Suppositoires	Suppositories	seupoziteriz
Thermomètre	Thermometer	t'heumomiteu
Tranquillisant	Tranquillizer	trannkwil-laïzeu
Tricostéril	Sterile compress	stèraïll kommprèss
Trousse d'urgence	First Aid box	feust eïd box
Vitamine	Vitamin	viteuminn
Vitamine C	Vitamin C	viteuminn sï

Souvenirs

souvenirs   souvenieuz
ARTISANAT
arts and crafts   âtts annd krâftts

L'indispensable

Bonjour !*
Good morning... good afternoon... good evening !
goud **mau**ninn... goud **â**fteun**oun**... goud **ï**vninn !

Je voudrais **acheter**...
I want to buy...
aï **wa**nnt tou **baï**...

J'**aimerais**...
I'd like...
aïd **laï**k...

Avez-vous un **article**   meilleur marché ?
Do you have something cheaper ?
dou you hav s**A**mt'hinn tch**ï**peu ?

Auriez-vous... ?
Do you have... ?
dou you h**a**v... ?

Acceptez-vous les **cartes de crédit**... les traveller's
    chèques ?
Do you accept credit cards... traveller's checks ?
dou you eks**è**pt kr**é**ditt k**â**dz... tr**a**vleuz tch**è**ks.

Cela me **convient**.
That suits me.
zatt s**iou**ts mï.

* En Angleterre et aux États-Unis on spécifie le moment de la journée :
matin, après-midi, soir.

Combien cela **coûte**-t-il ?
How much does this cost ?
ha-au m**A**tch d**A**z ziss k**o**st ?

Pouvez-vous me **montrer** autre chose ?
Can you show me something else ?
kann you ch**O** mï s**A**m'thinn **è**ls ?

Plus grand... **plus** petit.
Larger... smaller.
l**â**djeu... sm**au**leu.

Merci, au revoir ?
Thank you, good bye !
t'hannk you, goud ba**ï** !

En situation

Où y a-t-il une boutique d'artisanat ?
Where can I find an Arts and Crafts shop ?
w**air** kann a**ï** fa**ï**nnd eun **â**tts annd kr**â**ftts chop ?

Cet objet est-il **fait main** ?
Is this object hand made ?
iz ziss **o**bdjikt hannd ma**ï**d ?

Quels sont les **objets typiques** de votre région ?
What are the typical crafts of the area ?
watt ar ze t**i**pikeul kr**â**ftts ov ze **è**ria ?

Peut-on **visiter l'atelier** ?
Is it possible to visit the workshop ?
is itt p**o**sseub'l tou v**i**zitt ze w**eu**rkchop ?

Vocabulaire

Argenterie	Silverware	silveu-w**ai**r
Armes de la ville	Arms of the town	**â**ms ov ze ta**ou**n
Artisanat	Arts and Crafts	**â**tts annd kr**â**ftts
Boîte à musique	Musical box	mi**ou**zikeul box
Broderie	Embroidery	immbr**oï**deri
Cadeaux	Presents	pr**è**z'nts

Cartes postales	Postcards	pOstkâdz
Cachemire	Cashmere	kachmieu
Cendrier	Ashtray	achtreï
Cristallerie	Glass work	glâss weuk
Cuir (objets en)	Leather goods	lèzeu goudz
Dessin	Drawing	drau-winn
Écusson	Coat of arms	kOtt ov âms
Lainages	Wool work	woul weuk
Miniatures (monuments)	Miniature monuments	minitcheu monioumeunts
Objets typiques	Typical crafts	tipik'l krâftts
Peinture (tableau)	Painting	peïnntinn
Porcelaine	Porcelain	pausselinn
Poterie	Pottery	poteri
Poupée	Doll	dol
Sculpture sur bois	Wood sculpture	woud skAlptcheu
Soierie	Silk work	silk weuk
Spécialités locales	Local specialities	lOkeul spèchialitiz
Tapis	Rug	rAg
Timbres de collection	Collector's stamp	kelèkteuss stammps
Tissage	Weaving	wïvinn

Sports

sports   sp**au**ts

En situation

Où peut-on pratiquer l'équitation... le golf... la
  natation... le surf... le tennis... la voile ?
Where can one go riding... play golf... go swimming...
  go surfing... play tennis... go sailing ?
w**ai**r kann w**A**nn g**O** r**aï**dinn... ple**ï** g**o**lf... g**O** swiminn... g**O**
  s**eu**finn... ple**ï** t**è**niss... g**O** se**ï**linn ?

Je voudrais **assister** à un match de... où a-t-il lieu ?
I'd like to see a... match, where does it take place ?
a**ï**d l**aï**k tou s**ï** e... m**A**tch, w**ai**r d**A**z itt te**ï**k ple**ï**ss ?

Où faut-il acheter les **billets**... réserver ?
Where do I buy the tickets... book (*US :* reserve) ?
w**ai**r dou a**ï** b**aï** ze tikitts... b**ou**k (riz**eu**v) ?

Quel est le prix de l'**entrée** ?
How much is the admission ?
ha-au m**A**tch iz ze edm**i**cheunn ?

Quelles sont les **équipes** ?
Which teams are playing ?
witch t**ï**mz ar ple**ï**nn ?

Quelles sont les **formalités** pour obtenir le permis de
  chasse... de pêche ?
What are the formalities for obtaining a hunting... a fishing
  licence ?
w**a**tt ar ze fauma**a**litiz fau eubte**ï**ninn e'h**A**nntinn... e'f**i**chinn
  l**aï**sseuns ?

Pouvez-vous m'indiquer les **heures d'ouverture** ?
What are the opening hours ?
w**a**tt ar ze **O**p'ninn **a**oueuz ?

J'aimerais prendre des **leçons**.
I'd like to take some lessons.
aïd laïk tou teïk sAm lès'nz.

Où peut-on **louer le matériel**... l'équipement ?
Where can I rent the gear... the equipment ?
wair kann aï rènt ze guieu... ze ikwipmeunt ?

Peut-on **nager sans danger** dans cette rivière... le long
de cette plage ?
Is it safe to swim in this river... along this coast ?
iz itt seïf tou swim inn ziss riveu... elonng ziss kOst ?

Y a-t-il une **patinoire** ?
Is there a skating rink ?
iz zair e'skeïtinn rinnk ?

Où peut-on **pêcher** ?
Where can one fish ?
wair kann wAnn fich ?

Y a-t-il des **pistes** pour toutes les catégories de **skieurs** ?
Are there ski runs for all categories ?
ar zair skï rAnnz fauraul katigueriz ?

Comment peut-on rejoindre les **pistes** ?
How can one reach the ski runs ?
ha-au kann wAnn rïtch ze skï rAnnz ?

Quelles sont les **prévisions météorologiques** ?
What's the weather forecast ?
watt ze wèzeu faukâst ?

Quels sont les **prix** à l'heure... à la demi-journée... à la
journée... à la semaine ?
What's the price per hour... per half a day... per day...
per week ?
watts ze praïss peu aoueu... peu hâf deï... peu deï... peu wïk ?

Je voudrais faire une **randonnée** en montagne.
I'd like to go trekking in the mountain.
aïd laïk tou gO trèkinn inn ze maountinn.

Le match est-il **retransmis à la télévision** ?
Is the match relayed on television ?
iz ze mAtch rïleïd onn tèlivijeunn ?

Vocabulaire

Arbitre	Referee	réferï
Articles de sport	Sports gear	sp**au**ts gu**i**eu
Athlétisme	Athletics	at'hl**è**tiks
Balle	Ball	b**au**l
Ballon	Ball	b**au**l
Basket-ball	Basketball	b**â**skitt b**au**l
Bicyclette	Bicycle	ba**ï**ssik'l
Boxe	Boxing	b**o**xinn
But	Goal	g**O**l
Canne de golf	Golf club	g**o**lf kl**A**b
Championnat	Championship	tch**a**mmpieunchip
Chronomètre	Chronometer	kren**o**miteu
Club	Club	kl**A**b
Corner	Corner	k**au**neu
Course	Running	r**A**ninn
Cyclisme	Cycling	sa**ï**klinn
Deltaplane	Hang-glider	h**a**nng-gla**ï**deu
Disqualification	Disqualification	diskw**a**lifike**ï**cheunn
Entraînement	Training	tr**e**ïninn
Équipe	Team	t**ï**m
Escrime	Fencing	f**è**nsinn
Essai	Trial	tra**ï**eul
Finale	Finals	fa**ï**n'lz
Football	Football	f**ou**tbaul
Gagner	(to) Win	w**i**nn
Golf	Golf	g**o**lf
— miniature	Mini-golf	m**i**ni-golf
Gymnastique	Gymnastics	djimn**a**stiks
Haltères	Dumb bells	d**A**mm b**è**lz
Hippodrome	Hippodrome	hipedr**O**m
Hockey sur gazon	Hockey	h**o**ki
— sur glace	Ice hockey	a**ï**ss h**o**ki
Hors-jeu	Off-side	**o**fsaïd
Jeux Olympiques	Olympic Games	Ol**i**mmpik ge**ï**mz
Jouer	(to) Play	ple**ï**
Joueur	Player	ple**ï**eu
Lancer	(to) Throw	t'hr**O**

Lutte	Wrestling	rèstlinn
Marathon	Marathon	maret'heunn
Marche	Walking	walkinn
Marquer un but	(to) Score a goal	skau e'gOl
Match	Match	match
Mi-temps	Half-time	hâf-taïm
Motocyclisme	Motorcycling	mOteusaïklinn
Panier	Basket	bâskitt
Parier	(to) Bet	bètt
Penalty	Penalty	pèneulti
Perdre	(to) Lose	louz
Ping-pong	Ping pong, table tennis	pinngponng, teïb'l tèniss
Piste	Track	trak
Point	Point	poïnnt
Polo	Polo	pOlO
Record	Record	rèkaudd
Saut	Jump	djAmmp
Shoot	Shot	chott
Sprinter	(to) Sprint	sprinnt
Stade	Stadium	steïdieum
Supporteurs	Supporters	sepauteuz
Surface de réparation	Penalty area	pèneulti èria
Tactique	Tactic	taktik
Terrain de football	Football ground	foutbaul graound
— de golf	Golf course	golf kauss
Touche	Touch line	tAtch laïnn
Trou	Hole	hOl
Vélodrome	Cycling track	saïklinn trak
Victoire	Victory	vikteri
Vol à voile	Gliding	glaïdinn

Chasse

hunting   hAnntinn

Vocabulaire

Abri	Shelter	chèlteu
Affût	Hide	haïd
Amorce	Bait	beïtt
Armurerie	Gunsmith's shop	gAnnsmit'h chop
Armurier	Gunsmith	gAnnsmit'h
Balle	Bullet	boulitt
Bandoulière	Shoulder belt	chOldeu bèlt
Battue	Beat	bïtt
Bottes	Boots	boutts
Canon	Barrel	bareul
Carabine	Rifle	raïf'l
Carnier	Game bag	geïm bag
Cartouche	Cartridge	kâtridj
Chasse	Hunting	hAnntinn
— à courre	Fox hunting	fox hAnntinn
CHASSE GARDÉE	GAME PRESERVE	geïm prizeuv
CHASSE INTERDITE	HUNTING PROHIBITED	hAnntinn preuhibitid
Chasseur	Hunter	hAnnteu
Chien de chasse	Hound	haound
Couteau	Knife	naïf
Crosse	Butt	bAtt
Détente	Trigger	trigueu
Épauler	(to) Shoulder	chOldeu
Équipage	Equipment	ikwipmeunt
Fermé(e)	Closed	klOzd
Forêt	Forest	forist
Fusil	Shot gun	chott gAnn
Garde-chasse	Gamekeeper	geïmkïpeu
Gibecière	Game bag	geïm bag
Gibier à plume	Game birds	geïm beudz
— à poil	Ground game	graound geïm
Lunette	Field glass	fïld glâss

Meute	Pack	pak
Mirador	Observation point	obseurveïcheunn
Ouvert(e)	Open	**O**p'n
Permis de chasse	Hunting licence	h**A**nntinn laïsseuns
Plaine	Plain	pleïnn
Plombs	Shot	ch**o**tt
Rabatteur	Beater	b**ï**teu
Rendez-vous	Meeting	m**ï**tinn
Réserve	Ammunition	amiounicheunn
Sécurité (d'une arme)	Safety device	s**e**ïfti div**a**ïss
Taillis	Copse, coppice	k**o**ps, k**o**piss
Tirer	(to) Shoot	ch**o**utt
Vallée	Valley	vali
Veste de chasse	Hunting jacket	h**A**nntinn dj**a**kitt

Équitation
Riding   raïdinn

Vocabulaire

Antérieurs (les)	Forelegs	f**au** l**è**gz
Assiette	Seat	s**ï**tt
Bombe	Riding hat	raïdinn h**a**tt
Bouche	Mouth	maout'h
Boulets	Fetlocks	f**ê**tloks
Bottes	Boots	b**ou**tts
Bride	Bridle	braïd'l
Cabrer	(to) Buck	be**u**k
Canon	Beam	b**ï**m
Cheval	Horse	ha**u**ss
Concours hippique	Horse show	ha**u**ss ch**O**
Course d'obstacles	Steeplechase	st**ï**p'l-tche**ï**ss
Culotte de cheval	Riding breeches	raïdinn br**ï**tchiz
Dos	Back	bak
Écuyer	Rider	raïdeu
Encolure	Neck	n**è**k

Éperons	Spurs	speuz
Étriers	Stirrup	stirAp
Étrivières	Stirrup straps	stirAp straps
Filet	Snaffle	snaf'l
Galop (petit)	Canter	kannteu
Galop (grand)	Gallop	galeup
Garrot	Withers	wizeuz
Jarret	Hock	hok
Jument	Mare	mair
Longe	Lunge	lAnndj
Manège	Riding school	raïdinn skoul
Mors	Bit	bitt
Obstacle	Obstacle	obsteuk'l
Parcours	Course	kauss
Pas	Walk	wauk
Polo	Polo	pOlO
Pommeau	Pommel	pAm'l
Poney	Pony	pOni
Postérieurs (les)	Hindquarters	haïnnd-kwauteuz
Promenade à cheval	Ride	raïd
Rênes	Reins	reïnnz
Rivière	River	riveu
Robe	Coat	kOtt
Ruer	(to) Rear	rieu
Sabots	Hooves	houvz
Sangle	Girth	gueut'h
Sauter	(to) Jump	djAmmp
Selle	Saddle	sad'l
Tapis de selle	Saddle cloth	sad'l klot'h
Trot	Trot	trott

Montagne

mountain   maountinn

Vocabulaire

Alpinisme	Mountaineering	maountinieurinn
Anorak	Anorak	anerak
Après-ski	Snow boots	snO boutts
Ascension	Ascent	eussènt
Avalanche	Avalanche	avelânnch
Bâtons	Ski sticks	skï stiks
Bivouac	Bivouac	bivouac
Blouson	Ski jacket	skï djakitt
Bobsleigh	Bob-sleigh	bobsleï
Brouillard	Fog	fog
Châlet	Chalet	chaleï
Chaud	Hot	hott
Chaussettes	Socks	soks
Chaussures	Shoes	chouz
Chute	Fall	faul
Corde	Rope	rOp
Cordée	Roped party	rOpt pâti
Couloir	Corridor, passage	koridau, passidj
Couteau	Knife	naïf
Crampons	Climbing iron	klaïminn aïeunn
DANGER	DANGER	deïnndjeu
Dégel	Thaw	t'hau
Dérapage	Side slip	saïd slip
Excursion	Excursion	ixkeucheunn
Faire un détour	(to) Make a detour	meïk e'dïtau
Fondre	(to) Melt	mèlt
Fondu(e)	Melted	mèlt'd
Froid	Cold	kOld
Funiculaire	Funicular	fiounikiouleu
Gants	Gloves	glAvz
Gelé	Icy	aïssi
Glace	Ice	aïss
Glacier	Glacier	glassieu

Grimper	(to) Climb	klaïmm
Guide	Guide	gaïd
Halte	Stop	stop
Leçon	Lesson	lèss'n
Louer	(to) Rent, hire	rènt, haïeu
Luge	Sleigh	sleï
Lunettes	Glasses	glâssiz
Moniteur	Instructor	innstrAkteu
Montée	Climb	klaïmm
Mousqueton	Snap	snap
Neige damée	Packed snow	pakt snO
— gelée	Frozen snow	frOzn snO
— poudreuse	Powdery snow	paouderi snO
Névé	Névé	névé
Pantalon	Breeches	brïtchiz
Patinage	Skating	skeïtinn
Patinoire	Skating rink	skeïtinn rinnk
Patins	Skates	skeïtts
Pente	Slope	slOp
Piolet	Ice axe	aïss ax
Piste	Ski run	skï rAnn
Piton	Peg	pèg
Pluie	Rain	reïnn
Porte (slalom)	Gate	geïtt
Rappel	Doubled rope	dAb'ld rOp
Ravin	Ravine	revïnn
Redoux	Rise in temperature	raïz inn tèmpritcheu
Refuge	Shelter	chèlteu
Remonte-pente	Ski-lift	skïlift
Roche	Rock	rok
Sac à dos	Knapsack, rucksack	napsak, rAksak
Sentier	Path	pât'h
Ski alpin	Alpine skiing	alpaïnn skï-inn
— de fond	Cross country skiing	kross kAntri skï-inn
Skis	Skis	skïz
Slalom	Slalom	slâleum
Sommet	Summit, top	sAmitt, top
Sports d'hiver	Winter sports	winnteu spauts
Station de ski	Ski resort	skï rizautt

Surplomb	Overhang	**O**veuhanng
Téléférique	Cable-car	ke**ï**b'l-kar
Température	Temperature	t**è**mpritcheu
Tempête de neige	Snowstorm	sn**O**staum
Tente	Tent	t**è**nt
Torrent	Torrent	t**o**reunt
Traces	Trails	tre**ï**llz
Traîneau	Sleigh	sle**ï**
Tremplin	Ski jump	sk**ï** dj**A**mmp
Vallée	Valley	vali
Varappe	Rock face	rok fe**ï**ss

Sports nautiques

water sports   **w**a**u**teu sp**au**ts

Pêche

fishing   fichinn

Vocabulaire

Accastillage	Superstructure	soupeustr**A**ktcheu
Amarrer	(to) Moor	m**au**
Anneau	Hank, ring	hannk, rinng
Appât	Bait	be**ï**tt
BAIGNADE INTERDITE	BATHING PROHIBITED	be**ï**zinn preuhibitid
Barque	Boat	b**O**tt
Barre (direction)	Tiller, helm	tileu, h**è**lm
Bassin	Pond	ponnd
Bateau à moteur	Motorboat	m**O**teub**O**tt
— à rames	Rowing boat	r**O**inn b**O**tt
— à voiles	Sailing boat	se**ï**linn b**O**tt
Bonnet de bain	Bathing cap	ba**ï**zinn kap
Bottes	Boots	b**ou**tts
Bouée	Buoy	bo**ï**
Brasse	Breast stroke	br**è**st str**O**k

Cabine	Cabin	**kabinn**
Canne à pêche	Fishing rod	**fichinn rod**
Canoë	Canoe	**kenou**
Canot	Dinghy	**dinngui**
Ceinture de sauvetage	Lifebelt	**laïfbèlt**
Chaise longue	Deckchair	**dèktchair**
Combinaison de plongée	Diving outfit	**daïvinn aoutfitt**
Couteau	Knife	**naïf**
Croisière	Cruise	**krouz**
Courant	Current	**kAreunt**
Crawl	Crawl	**kraul**
DANGER	DANGER	**deïndjeu**
Dérive	Drifting	**driftinn**
Eau (point d')	Water tap	**wauteu tap**
Embarcadère	Landing stage	**lanndinn steïdj**
Entraînement	Training	**treïninn**
Étang	Pond	**ponnd**
Fil	Line	**laïnn**
Filet	Fishing net	**fichinn nètt**
Flotteur	Float	**flOtt**
Flèche	Arrow	**arO**
Foc	Jib	**djib**
Fusil	Speargun	**spieugAnn**
Gouvernail	Rudder	**rAdeu**
Hameçon	Fish- hook	**fich- houk**
Harpon	Harpoon	**hâpoun**
Hélice	Propeller	**propèleu**
Hors-bord	Speed boat	**spïd bOtt**
Lac	Lake	**leïk**
Leçon	Lesson	**lès'n**
Ligne	Line	**laïnn**
Louer	(to) Rent	**rènt**
Maillot de bain	Swimming suit	**swiminn soutt**
Maître-nageur	Life-guard	**laïf gâd**
Marée basse	Low tide	**lO taïd**
— haute	High tide	**haï taïd**
Masque	Mask	**mâsk**

Mât	Mast	**mâ**st
Matelas	Mattress	**ma**triss
Matelas pneumatique	Air mattress	air **ma**triss
Mer	Sea	sï
Moniteur	Instructor	innstr**A**kteu
Mordre	(to) Bite	ba**ï**tt
(ça mord)	I've got a bite	a**ï**v gott e'**ba**ïtt
Mouillage	Anchorage	**a**nnkeridj
Moulinet	Reel	rï**l**
Nage libre	Free style	frï **sta**ïll
— sur le dos	Backstroke	**ba**kstrOk
Nager	(to) Swim	swim
Natation	Swimming	**swi**minn
Palmes	Flippers	**fli**peuz
Parasol	Parasol	**pa**reusol
Pêche	Fishing	**fi**chinn
Pêche au lancer	Casting	**kâ**stinn
PÊCHE INTERDITE	FISHING PROHIBITED	**fi**chinn preuhibitid
Pédalo	Pedalo	**pé**deulO
Permis de pêche	Fishing licence	**fi**chinn **la**ïsseuns
Pied (avoir)	(to) Be within one's depth	bï wiz inn w**A**nns dèpt'h
Piscine chauffée	Heated pool	**hï**tid p**ou**l
— à ciel ouvert	Open-air pool	**O**p'n air p**ou**l
— couverte	Indoor pool	**i**nndau p**ou**l
Plage	Beach	b**ï**tch
Planche à voile	Windsurf	**wi**nndseuf
— de surf	Surfboard	**se**ufbaud
Plombs	Plummet	pl**A**mitt
Plongée bouteille	Scuba diving	sk**ou**ba **da**ïvinn
— libre	Skin diving	skinn **da**ïvinn
— scaphandre	Deep sea diving	dïp sï **da**ïvinn
Plongeon	Dive	da**ï**v
Poisson	Fish	fich
Pont	Bridge	bri**d**j
Pont du bâteau	Deck	d**è**k
Quille	Keel	kï**l**
Rames	Oars	**au**z
Rive	Bank	**ba**nnk

Rivière	River	riveu
Ruisseau	Stream	strïm
Sable	Sand	sannd
Safran (gouvernail)	Rudder blade	rAdeu bleïd
Secours	Help	hèlp
Ski nautique	Water skiing	wauteu skïinn
Sortie en mer	Sea trip	sï trip
Station balnéaire	Sea resort	sï rizautt
Suroît	Sou'wester	saou-wèsteu
Température	Temperature	tèmpritcheu
Tempête	Storm	staum
Tuba	Snorkel	snauk'l
Vague	Wave	weïv
Vent	Wind	winnd
Voile (grande)	Mainsail	meïnnseïll
Yacht	Yacht	yott

Tennis

tennis   tèniss

Vocabulaire

Arbitre	Referee	réferï
Balle	Ball	baul
Chaussures de tennis	Tennis shoes	tèniss chouz
Classement	Classification	klassifikeïcheunn
Corde	Cord	kaud
Couloir	Lane	leïnn
Coup droit	Forearm stroke	faurâm strOk
Court de tennis	Tennis court	tèniss kautt
Double	Doubles	dAb'lz
Entraînement	Training	treïninn
Faute	Fault	fault
Filet	Net	nètt
Jeu	Game	geïm
Jouer au tennis	(to) Play tennis	pleï tèniss

Leçon	Lesson	lèss'n
Match	Match	match
Match nul	Tie	taï
Moniteur	Instructor	innstrAkteu
Partenaire	Partner	pâtneu
Raquette	Racket	rakitt
Revers	Backstroke	bakstrOk
Service	Service	seuviss
Short	Shorts	chautts
Simple	Single	sinngueul
Smash	Smash	smach
Tension des cordes	Tightness of the cords	taïtniss ov ze kaudz
Volée	Volley	voli

Tabac

tobacco   tebakO

En Angleterre, les marchands de journaux et les confiseurs vendent tabac et cigarettes, certains grands magasins ont également un rayon tabac. Sachez qu'il y a un mouvement anti-tabac très fort en Angleterre : évitez d'incommoder les non-fumeurs.

Aux États-Unis le mouvement anti-tabac est tel qu'il n'existe plus beaucoup d'endroits publics où il est permis de fumer.

L'indispensable

Bonjour !*
Good morning... good afternoon... good evening !
goud **mau**ninn... goud **âf**teun**oun**... goud ïvninn !

Je voudrais **acheter**...
I want to buy...
aï **wa**nnt tou **baï**...

J'**aimerais**...
I'd like...
aïd **laïk**...

Avez-vous un **article** meilleur marché ?
Do you have something cheaper ?
dou you hav sAmt'hinn tch**ï**peu ?

Auriez-vous... ?
Do you have... ?
dou you hav... ?

* En Angleterre et aux États-Unis on spécifie le moment de la journée : matin, après-midi, soir.

Cela me **convient**.
That suits me.
zatt si**ou**ts mï.

Combien cela **coûte**-t-il ?
How much does this cost ?
ha-au m**A**tch d**A**z ziss k**o**st ?

Pouvez-vous me **montrer** autre chose ?
Can you show me something else ?
kann you ch**O** mï s**A**mt'hinn **è**ls ?

Plus grand... **plus** petit.
Larger... smaller.
l**â**djeu... sm**au**leu.

Merci, au revoir !
Thank you, good bye ?
t'h**a**nnk you, goud ba**ï** !

En situation

Où y a-t-il un marchand de tabac ?
Where can I find a tobacconist ?
w**a**ir kann aï fa**ï**nnd e'tebakeunist ?

Avez-vous une **cartouche**... un paquet de cigarettes
américaines... françaises ?
Do you have a carton... a packet of American... French
cigarettes ?
dou you h**a**v e'k**â**t'n... e'p**a**kitt ov eum**è**rikeun... fr**è**ntch
siguer**è**tts ?

Pouvez-vous **changer** la pierre de mon briquet...
recharger mon briquet ?
Can you change the flint of my lighter... refill my lighter ?
kann you tche**ï**ndj ze flinnt ov maï la**ï**teu... r**ï**fil maï la**ï**teu ?

Vocabulaire

Allumettes	Matches	matchiz
Briquet	Lighter	la**ï**teu

Bureau de tabac	Tobacconist	teb**a**keunist
Cartouche	Carton	kât'n
Cendrier	Ashtray	**a**chtreï
Cigares	Cigars	sig**â**z
Cigarettes blondes	Mild cigarettes	m**a**ild siguer**è**tts
— brunes	Strong cigarettes	stronng siguer**è**tts
Cure-pipe	Pipe cleaner	p**a**ïp kl**î**neu
Essence	Lighter fuel	l**a**ïteu fi**ou**l
Étui	Cigarette case	siguer**è**tt k**e**ïss
Filtre (avec)	With filter	wiz f**i**lteu
— (sans)	Without filter	wizaoutt f**i**lteu
Fume-cigarette	Cigarette holder	siguer**è**tt h**O**ldeu
Mèche	Wick	w**i**k
Papier à cigarettes	Cigarette paper	siguer**è**tt p**e**ïpeu
Paquet	Packet	p**a**kitt
Pierre à briquet	Flint	fl**i**nnt
Pipe	Pipe	p**a**ïp
Recharge de gaz	Gas refill	g**a**ss r**ï**fil
Tabac	Tobacco	teb**a**kO

Taxis

taxis   taxiz

A Londres les taxis se trouvent rarement aux « taxis ranks » (stations). Il suffit de les arrêter dans la rue.
Pour les petits trajets, prévoyez un pourboire de 15 p. 100 du prix de la course et pour les longues distances un pourboire de 10 p. 100.
Pour les déplacements en taxi « extra muros » dans les villes de province, il est préférable de demander le tarif avant de monter.

A New York, il y a peu de taxis en stationnement, il faut les héler dans la rue. Sachez que seuls les « yellow cabs » (taxis jaunes) sont officiels. Par précaution, en montant, vérifiez que le chauffeur a mis son compteur en marche. En fin de course, un pourboire de 15 p. 100 (minimum 25 *cents*) est à prévoir.

En situation

Pouvez-vous m'**appeler** un taxi ?
Can you call me a taxi ?
kann you kaul mï e'taxi ?

Arrêtez-moi ici, s'il vous plaît.
Stop me here, please.
stop mï hieu plïz.

Pouvez-vous m'**attendre** ?
Can you wait for me ?
kann you weït fau mï plïz ?

Combien prenez-vous pour aller à... ?
How much to take me to... ?
ha-au mAtch tou teïk mï tou... ?

Combien vous dois-je ?
How much do I owe you ?
ha-au m**A**tch dou aï **O** you ?

Êtes-vous libre ?
Are you free ?
ar you fr**ï** ?

Je suis **pressé**.
I'm in a hurry.
aïm inn e'h**A**ri.

Je suis en **retard**.
I'm late.
aïm le**ï**tt.

Où est la **station** de taxis la plus proche ?
Where's the nearest taxi rank ?
w**a**irz ze ni**eu**rèst t**a**xi r**a**nnk ?

Je voudrais faire un **tour dans la ville**.
I'd like to do a tour of the town.
aïd la**ï**k tou dou e't**au** ov ze t**a**oun.

Vocabulaire

Bagage	Luggage	l**A**guidj
	(*US* : Baggage)	b**a**guidj
Compteur	Meter	m**ï**teu
Lent	Slow	sl**O**
LIBRE	FREE	fr**ï**
OCCUPÉ	OCCUPIED	**o**kioupaïd
Pourboire	Tip	tip
Prix	Tariff, fare	t**â**rif, f**a**ir
Rapide	Fast	f**â**st
STATION DE TAXIS	TAXI RANK	t**a**xi r**a**nnk
Supplément	Supplement	s**A**plimeunt
Tarif de nuit	Night fare	na**ï**tt f**a**ir
Taxi	Taxi	t**a**xi

Temps / Climat

weather   wèzeu / climate   klaïmitt

En situation

Quel temps va-t-il faire ?
What'll the weather be like ?
wat'l ze wèzeu bï laïk ?

Le ciel est clair, il va faire **beau** et froid... beau et chaud.
The sky is clear, it's going to be fine and cold... fine and warm.
ze skaï iz klïr its gOinn tou bï faïnn annd kOld... faïnn annd waum.

Il fait **chaud** et lourd.
It's hot and heavy.
its hott annd hèvi.

Les routes sont **gelées**.
The roads are icy.
ze rOdz ar aïssi.

Il va **neiger**... **pleuvoir**.
It's going to snow... to rain.
its gOinn tou snO... tou reïnn.

La **pluie**, l'**orage**... menace.
Rain... a storm... is threatening.
reïnn... e'staum... iz t'hrètninn.

Vocabulaire

Air	Air	**air**
Averse	Downpour	**da**ounpau
Bleu	Blue	**blou**
Briller	(to) Shine	**cha**ïnn
Brouillard	Fog	**fo**g

Brume	Mist	mist
Chaleur	Heat	hïtt
Chaud	Hot	hOtt
Ciel	Sky	skaï
Clair	Clear	klïr
Climat	Climate	klaïmitt
Couvert	Covered	kAveud
Dégagé	Clear	klïr
Dégel	Thaw	t'hau
Éclair	Lightening	laïtninn
Éclaircie	Sunny spell	sAni spèl
Frais	Chilly	tchili
Froid	Cold	kOld
Gèle (il)	It's freezing	its frïzinn
Gelé(e)	Frozen	frOz'n
Glace	Ice	aïss
Grêle	Hail	heïll
Gris	Grey	greï
Humide	Damp, humid	dammp, hioumid
Mouillé(e)	Wet	wètt
Neige	Snow	snO
— (il)	It's snowing	its snOinn
Nuage	Cloud	klaoud
Nuageux	Cloudy	klaoudi
Orage	Storm	staum
Ouragan	Hurricane	hArikeïnn
Parapluie	Umbrella	Ammbrèleu
Pleut (il)	It's raining	its reïninn
Pleuvoir	(to) Rain	reïnn
Pluie	Rain	reïnn
Pluvieux	Rainy	reïni
Sec	Dry	draï
Soleil	Sun	sAnn
Sombre	Dark	dâk
Température	Temperature	tèmpritcheu
Tempéré	Temperate	tèmperitt
Temps (beau)	Fine weather	faïnn wèzeu
— (mauvais)	Bad weather	bad wèzeu
— variable	Changeable weather	tcheïndjeb'l wèzeu

Tonne (il)	It's thundering	its t'h**A**nndeurinn
Tonnerre	Thunder	t'h**A**nndeu
Tropical	Tropical	tro**p**ikeul
Vent	Wind	winnd
Vente (il)	It's windy	its **w**inndi
Verglacé(e)	Icy	**aï**ssi
Verglas	Black ice	blak **aï**ss

Temps / Durée

time   taïm / duration   dioureïcheunn

En situation

Quelle heure est-il ?
What time is it ?
watt taïm iz itt ?

Il est quatre heures dix... et quart... et demie... moins
le quart.
It's ten past four... a quarter past four... half past
four... a quarter to five.
its tènn pâst fau... e'kwauteu pâst fau... hâf pâst fau...
e'kwauteu toù faïv.

Depuis une heure... huit heures du matin... deux jours...
une semaine.
Since one hour... since eight a.m.... since two days...
since one week.
sinns wAnn aoueu... sinns eïtt eï èm... sinns tou deïz... sinns
wAnn wïk.

Combien de temps **dure** la représentation... le trajet ?
How long does the performance... the trip... take ?
ha-au lonng dAz ze peufaumeuns... ze trip... teïk ?

Cette horloge est-elle a l'**heure exacte** ?
Does this clock give the right time ?
dAz ziss klok guiv ze raïtt taïm ?

L'**horloge**... la montre... la pendule... avance... retarde.
The clock... the watch... the clock... is fast... is slow.
ze klok... ze wotch... ze klok... iz fâst... iz slO.

Il y a cinq... dix minutes... une heure... deux semaines...
un an.
Five... ten minutes... one hour... two weeks... one year
ago.
faïv... tènn minitts... wAnn aoueu... tou wïks... wAnn yieu egO.

Pendant la **matinée**... la **soirée**... la **journée**.
In the morning... in the evening... during the day.
inn ze ma**u**ninn... inn ze **ï**vninn... di**ou**rinn ze de**ï**.

Pendant combien de temps ?
For how long ?
fau ha-au lonng ?

Prenons **rendez-vous** pour... à...
Let's make an appointment to... at...
lèts me**ï**k eun epo**ï**nntmeunt tou... **a**tt...

De **temps en temps**.
From time to time.
from ta**ï**m tou ta**ï**m.

Vocabulaire

Age	Age	e**ï**dj
Année	Year	y**ï**eu
— bissextile	Leap year	l**ï**p y**ï**eu
— dernière	Last year	lâst y**ï**eu
— prochaine	Next year	n**è**xt y**ï**eu
Après	After	**â**fteu
Après-demain	The day after tomorrow	ze de**ï** **â**fteu toumor**O**
Après-midi	Afternoon	**â**fteun**ou**n
Attendre	(to) Wait	we**ï**tt
Aujourd'hui	Today	toude**ï**
Automne	Autumn	**au**teum
	(*US* : Fall)	faul
Autrefois	Long ago	lonng eg**O**
Avancer	(to) Move forward	mouv f**au**weud
Avant	Before	bif**au**
Avant-hier	The day before yesterday	ze de**ï** bif**au** y**è**steude**ï**
Avenir	Future	fi**ou**tcheu
Calendrier	Calendar	k**a**leundeu
Commencement	Start	st**â**tt
Date	Date	de**ï**tt
Délai	Delay	dile**ï**
Demain	Tomorrow	toumor**O**

Demi-heure	Half an hour	hâf eun aoueu
Depuis	Since	sinns
Dernier	Last	lâst
Écouler (s')	(to) Flow, go by	flO, gO baï
Époque	Epoch	ïpok
Ère	Era	ieureu
Été	Summer	sAmeu
Éternité	Eternity	iteuniti
Fin	End	ènd
Futur	Future	fioutcheu
Heure	Hour	aoueu
Hier	Yesterday	yèsteudeï
Hiver	Winter	winnteu
Immédiat	Immediate	imïdjeutt
Instant	Instant	innsteunt
JOUR	DAY	deï
Lundi	Monday	mAnndeï
Mardi	Tuesday	tiouzdeï
Mercredi	Wednesday	wènzdeï
Jeudi	Thursday	t'heudeï
Vendredi	Friday	fraïdeï
Samedi	Saturday	sateudeï
Dimanche	Sunday	sAnndeï
Jour férié	Bank holiday	bannk holideï
	(*US* : Public holiday)	pAblik holideï
— ouvrable	Work day	weuk deï
Lentement	Slowly	slOli
Matin	Morning	mauninn
Matinée	Morning	mauninn
Midi	Midday, noon	mid-deï, noun
Milieu	Middle	mid'l
Minuit	Midnight	midnaïtt
Minute	Minute	minitt
MOIS	MONTH	mAnnt'h
Janvier	January	djanioueri
Février	February	fèbroueri
Mars	March	mâtch

Avril	April	**eï**preul
Mai	May	me**ï**
Juin	June	dj**ou**n
Juillet	July	dj**ou**laï
Août	August	**au**gueust
Septembre	September	sèpt**è**mbeu
Octobre	October	okt**O**beu
Novembre	November	nov**è**mbeu
Décembre	December	diss**è**mbeu

Moment	Moment	m**O**meunt
Nuit	Night	na**ï**tt
Passé	Past	p**â**st
Passer	(to) Pass	p**â**ss
— le temps	(to) Spend time	sp**è**nd t**aï**m
Présent	Present	pr**è**z'nt
Printemps	Spring	spr**i**nng
Quand	When	w**è**nn
Quart d'heure	Quarter of an hour	kw**au**teu ov eun **a**oueu
Quinzaine	Fortnight	f**au**tnaïtt
	(*US* : Two weeks)	tou w**ï**ks
Quotidien	Daily	de**ï**li
Retard	Delay	dile**ï**
Retarder	(to) Delay	dile**ï**
Saison	Season	s**ï**z'n
Seconde	Second	s**è**keund
Semaine	Week	w**ï**k
— dernière	Last week	l**â**st w**ï**k
— prochaine	Next week	n**è**xt w**ï**k
Siècle	Century	s**è**ntchiouri
Soir	Evening	**ï**vninn
Soirée	Evening	**ï**vninn
Tard	Late	le**ï**tt
Trimestre	Trimester	trimm**è**steu
Veille	Day before	de**ï** bif**au**
Vite	Quick	kw**ï**k
Week-end	Week-end	w**ï**k**è**nd

Train

train   treïnn
GARE
station   steïcheunn

En Angleterre, on a le choix entre plusieurs sortes de trains : le « pullman » est d'un grand confort, les repas y sont servis à votre place ; l'« express » offre rapidité, confort et des horaires adaptés aux besoins de l'homme d'affaires ; le « local » est un omnibus ; le « motorail » transporte passagers et voitures. Il existe de nombreux billets forfaitaires, renseignez-vous aux guichets « British Rail ».

Aux États-Unis, le réseau ferroviaire n'est pas très développé. Pourtant, le train est le moyen de voyager le plus économique. Les diverses compagnies sont regroupées en une seule société : l'Amtrak. Renseignez-vous avant votre départ sur les billets forfaitaires appelés « railpass ».

En situation

S'il vous plaît, où se trouve la gare ?
Where's the station please ?
wairz ze steïcheunn plïz ?

A quelle heure **arrive** le train venant de... ?
What time does the train from... arrive ?
watt taïm dAz ze treïnn from... eraïv ?

Je voudrais enregistrer les **bagages**.
I want to register some luggage (*US :* baggage).
aï wannt tou rèdjisteu sAm lAguidj (baguidj).

Je voudrais un **billet** aller simple... aller retour... première
   classe... seconde classe.
I'd like a single... a return (*US :* round-trip)... first class...
   second class ... ticket.
aïd laïk e'sinngueul... e'riteun (raound trip)... feust klâss...
   sèkeund klâss.... tikitt.

Dois-je **changer** de train ?
Do I have to change trains ?
dou aï hav tou tcheïndj treïnnz ?

Où se trouve la **consigne** ?
Where's the left luggage office ?
wairz ze lèft lAguidj ofiss ?

Y a-t-il des **couchettes** ?
Are there any couchettes (*US :* berths) ?
ar zair èni kouchètts (beut'hs) ?

Cette place est-elle **libre** ?
Is this seat free ?
iz ziss sïtt frï ?

Quel est le **montant** du supplément ?
How much is the supplement ?
ha-au mAtch iz ze sAplimeunt ?

A quelle heure **part** le train pour... ?
What time does the train for... leave ?
watt taïm dAz ze treïnn fau... lïv ?

Excusez-moi, cette **place** est réservée.
Excuse me this seat is reserved.
ikkiouz mï ziss sïtt iz rizeuvd.

Veuillez m'indiquer le **quai** (la voie) ?
Which platform (*US :* track) please ?
witch platfaum (trak) plïz ?

Y a-t-il une **réduction** pour les enfants ?
Is there a reduction for children ?
iz zair e'ridAkcheunn fau tchildreunn ?

Je désire **réserver** une place... côté couloir... côté
fenêtre.
I want to book (*US* : reserve) a seat... near the corridor...
near a window.
aï **wa**nnt tou **bou**k (ri**zeu**v) e'**si**tt... nieu ze **ko**ridau... nieu
e'**winn**dO.

Le train a du **retard**.
The train is late.
ze **tre**ïnn iz **le**ïtt.

Pouvez-vous me **réveiller**... me prévenir ?
Could you wake me... let me know ?
koud you **we**ïk mï... **lè**tt mï nO ?

Où sont les **toilettes** ?
Where is the toilet ?
waïr iz ze **to**ïlitt ?

Pouvez-vous m'aider à monter ma **valise** ?
Could you help me with my suitcase please ?
koud you **hè**lp mï wiz maï **sou**tkeïss plïz ?

Y a-t-il un **wagon-restaurant**... un **wagon-lit** ?
Is there a dining car (*US* : diner)... sleeping car
(*US* : pullman) ?
iz zair e'**da**ïninn kâr (**da**ïneu)... **slï**pinn kâr (**poul**meunn) ?

Vocabulaire

Aller	(to) Go	g**O**
ARRIVÉE	ARRIVALS	era**ï**v'lz
Assurance	Insurance	innch**ou**rèns
Bagages	Luggage	l**A**guidj
	(*US* : Baggage)	**ba**guidj
Billet aller simple	Single ticket	**sinn**gueul tikitt
— aller retour	Return ticket	ri**teu**n tikitt
	(*US* : Round-trip)	**ra**ound trip
— première classe	First class	**feu**st klâss
— seconde classe	Second class	s**è**keund klâss
BUFFET	BUFFET	**bou**feï
Changement	Change	tch**e**ïndj

Chariot à bagages	Trolley	tro**li**
CHEF DE GARE	STATION MASTER	ste**ï**cheunn m**â**steu
Coin couloir	Corridor corner	ko**ri**dau **kau**neu
— fenêtre	Window corner	**winn**dO **kau**neu
Compartiment	Compartment	komm**pâ**tmeunt
CONSIGNE	LEFT LUGGAGE	l**è**ft l**A**guidj
CONTRÔLEUR	TICKET COLLECTOR	**ti**kitt kel**è**kteu
Couchette	Couchette	kouch**è**tt
	(*US* : Berth)	b**eu**t'h
Couloir	Corridor	ko**ri**dau
DÉPART	DEPARTURE	dip**â**tcheu
Escalier mécanique	Escalator	**è**skeuleïteu
FUMEURS	SMOKING	sm**O**kinn
Gare	Station	ste**ï**cheunn
Guichet	Desk, counter	d**è**sk, **ka**ounteu
Indicateur	Timetable	ta**ï**mteïb'l
	(*US* : Schedule)	sk**è**djioul
Kiosque à journaux	Newspaper stand	ni**ou**spe**ï**peu sta**nn**d
Lent	Slow	sl**O**
NON FUMEURS	NO SMOKING	n**O** sm**O**kinn
OBJETS TROUVÉS	LOST PROPERTY	**l**ost pro**peu**ti
	(*US* : LOST & FOUND)	**l**ost annd **fa**ound
Occupé	Occupied	o**ki**oupaïd
Place assise	Seat	**sï**tt
Porteur	Porter	**pau**teu
Portière	Door	d**au**
Quai	Platform	**plat**faum
	(*US* : Track)	trak
Rapide	Rapid, fast	**ra**pid, f**â**st
RENSEIGNEMENTS	INFORMATION	innfeume**ï**cheunn
RÉSERVATIONS	BOOKINGS	**bou**kinnz
	(*US* : RESERVATIONS)	r**è**zeve**ï**cheunns
Retard	Delay	di**le**ï
Retour	Return	rit**eu**n
SALLE D'ATTENTE	WAITING ROOM	**we**ïtinn r**ou**m
SORTIE	EXIT, WAY OUT	**è**ksitt, we**ï** **a**outt
Supplément	Supplement	s**A**plimeunt
Valise	Suitcase	**sou**tkeïss

Voie	Platform	platfaum
	(*US* : Track)	trak
WAGON-LIT	SLEEPING-CAR	slïpinn kâr
	(*US* : PULLMAN)	poulmeunn
— RESTAURANT	DINING-CAR	daïninn kâr
	(*US* : DINER)	daïneu

Visites touristiques

sightseeing   saïtsïinn

MUSÉES - SITES

museums - sites   miouz**ieum**z - saïtts

En situation

Où se trouve l'Office du tourisme ?
Where's the tourist office ?
w**ai**rz ze t**au**rist **o**fiss ?

Combien coûte la visite ?
How much is the visit ?
ha-au m**A**tch iz ze v**i**zitt ?

La visite est-elle **guidée** en français ?
Is there a French-speaking guide for the visit ?
iz zair e'fr**è**ntch sp**ï**kinn g**aï**d fau ze v**i**zitt ?

Quelles sont les **heures d'ouverture** ?
What are the opening hours ?
w**a**tt ar ze **O**p'ninn **a**oueuz ?

Quelles sont les **lieux visités** au cours du circuit ?
Which places will be visited during the tour ?
w**i**tch pl**eï**ssiz w**i**l bï v**i**zitid di**ou**rinn ze t**au** ?

Peut-on prendre des **photos** ?
May we take photographs ?
m**eï** wï t**eï**k f**O**tegrafs ?

Avez-vous un **plan** de la ville... des environs ?
Do you have a map of the town... of the area ?
dou you h**a**v e'm**a**p ov ze t**a**oun... ov ze **è**ria ?

Quelle (quel) est cette église... ce monument...
   ce tableau ?
What's this church... this monument... this painting ?
w**a**tts ziss tch**eu**tch... ziss m**o**nioumeunt... ziss p**eï**nntinn ?

Qui en est l'architecte... le peintre... le sculpteur ?
Who's the architect... the artist... the sculptor ?
houz ze **â**kitèkt... ze **â**tist... ze sk**A**lpteu ?

Nous **restons** ici une journée... jours... semaine.
We're staying here for the day... for... days... for... week.
wïr ste**ï**nn hieu fau ze de**ï**... fau... de**ï**z... fau... w**ï**k.

Combien de **temps dure la visite** ?
How long does the visit last ?
ha-au l**o**nng dAz ze v**i**zitt l**â**st ?

Où se **trouve** le musée... la cathédrale... le monastère...
   l'exposition ?
Where's the museum... the cathedral... the monastery...
   the exhibition ?
w**a**irz ze miouz**ieu**m... ze ket'h**i**dreul... ze m**o**neusteri...
   ze èxhib**i**cheunn ?

Je voudrais visiter la **vieille ville**... le port.
I'd like to visit the old town... the port.
aïd l**a**ïk tou v**i**zitt ze **O**ld t**a**oun... ze p**au**tt.

Quelle **visite** nous conseillez-vous ?
Which tour would you recommend ?
w**i**tch t**au** w**ou**d you rèkem**è**nd ?

Vocabulaire

Abbaye	Abbey	**a**bi
Abside	Apse	**a**ps
Ancien	Ancient	e**ï**nncheunt
Aquarium	Aquarium	ekw**a**irieum
Autobus	Bus	b**A**ss
Avenue	Avenue	**a**veniou
Banlieue	Suburb	s**A**beub
Baroque	Baroque	ber**o**k
Bâtiment	Building	b**i**ldinn
Bibliothèque	Library	l**a**ïbreri
Billet	Ticket	t**i**kitt
Cascade	Cascade	kask**e**ïd
Cathédrale	Cathedral	ket'h**i**dreul

Centre ville	Town center	ta**oun** s**è**nteu
	(*US* : Down-town)	da**oun** ta**oun**
Cimetière	Graveyard	gr**eï**v-y**â**d
Circuit	Tour	t**au**
Colonne	Column	k**o**leum
Croix	Cross, crucifix	kr**o**ss, kr**ou**ssifix
Crypte	Crypt	kr**i**pt
Curiosités	Curiosities	kiouri**o**zitiz
Dôme	Dome	d**O**m
Douves	Moat	m**O**tt
Église	Church	tch**eu**tch
ENTRÉE	ENTRY	**è**ntri
ENTRÉE LIBRE	FREE ENTRY	fr**ï è**ntri
Environs	Surroundings	ser**a**oundinns
Escalier	Staircase	st**ai**rkeïss
Exposition	Exhibition	**è**xhib**i**cheunn
Façade	Façade	fess**a**d
Fontaine	Fountain	fa**o**untinn
Forêt	Forest	f**o**rist
Gothique	Gothic	g**o**t'hik
Gratte-ciel	Skyscraper	sk**aï**-skr**eï**peu
Guide	Guide	g**aï**d
Hôtel de ville	Town Hall	ta**oun** h**au**l
Jardin	Garden	g**â**d'n
— botanique	Botanic(al) garden	bet**a**nik'l g**â**d'n
— zoologique	Zoo	z**ou**
Lac	Lake	l**eï**k
Marché	Market	m**â**kitt
Monastère	Monastery	m**o**neusteri
Monument	Monument	m**o**nioumeunt
Moyen Âge	Middle ages	m**i**d'l **eï**djiz
Musée	Museum	miouz**ieu**m
Nef	Nave	n**eï**v
Observatoire	Observatory	ebz**eu**rvetri
Palais	Palace	p**a**liss
Parc	Park	p**â**k
Peintre	Artist	**â**tist
Peinture	Painting	p**eï**nntinn
Pilier	Pillar	p**i**leu

Photographie	Photograph	fOtegraf
Place	Square	skwair
Pont	Bridge	bridj
Port	Port	pautt
Rempart	Rampart	rammpâtt
Renaissance (la)	Renaissance	rineïssanss
Romain	Roman	rOmeunn
Rosace	Rosette	rOzètt
Rue	Street, road	stritt, rOd
Ruelle	Alley	ali
Ruines	Ruins	rouinnz
Salle	Room	roum
Sculpteur	Sculptor	skAlpteu
Sculpture	Sculpture	skAlptcheu
Siècle	Century	sèntchiouri
Station de taxis	Taxi rank	taxi rannk
Statue	Statue	statiou
Style	Style	staïll
Tableau	Painting, picture	peïnntinn, piktcheu
Théâtre	Theatre	t'hieuteu
Tour	Tour	tau
Vieille ville	Old town	Old taoun
Visite	Visit	vizitt
— guidée	Guided visit	gaïdid vizitt
Voiture	Car	kâr
	(*US* : Automobile)	autOmebïl

Voiture

car   k**â**r
(*US* : automobile)   (aut**o**meb**ï**l)
ACCIDENT
accident   **a**ksideunt

En Angleterre, en cas d'accident, pour appeler la police, un médecin ou une ambulance, composez le 999.

Bien que l'Angleterre ait adopté le système métrique, et que l'essence soit vendue au litre, certaines stations-service continuent à vendre l'essence au « gallon » (1 gallon *GB* = 4,54 litres ; 1 gallon *US* = 3,78 litres).

Pour les menus services, il est d'usage de laisser un pourboire au pompiste.

Aux États-Unis, il n'existe pas de numéro général pour appeler la police, mais le numéro à composer en cas d'accident est affiché dans toutes les cabines téléphoniques. En principe, les automobilistes sont prêts à porter secours.

Il n'est pas d'usage de laisser un pourboire au pompiste, même s'il a nettoyé votre pare-brise.

En situation

Il m'est arrivé un **accident**.
I've had an accident.
aïv h**a**d eun **a**ksideunt.

Il y a eu un **accident** sur la route de... au croisement de... à environ... kilomètres de...
There's been an accident on the road to... at the crossroad of... at approximately... miles from...
zairz b**ï**nn eun **a**ksideunt onn ze r**O**d tou... att ze kr**o**ssr**O**d ov... att epr**o**ximeutli... m**a**ïllz from...

Pouvez-vous m'**aider** ?
Can you help me ?
kann you hèlp mï ?

Appelez vite une ambulance... un médecin... la police.
Call an ambulance... a doctor... the police quickly.
kaul eun **a**mmbiouleuns... e'**do**kteu... ze peulïss kwikli.

Il y a des **blessés**.
There are people injured.
zair ar pïp'l inndjeud.

Ne **bougez** pas.
Don't move.
dOnnt mouv.

Coupez le **contact**.
Switch off the ignition.
switch of ze ig-nicheunn.

J'ai un **contrat d'assistance internationale**.
I've got an international assistance contract.
aïv gott eun innteunachneul eussisteuns konntrakt.

Il faut **dégager** la voiture.
The car must be moved.
ze kar mAst bï mouvd.

Donnez-moi les **documents de la voiture**...
l'attestation d'assurance... la carte grise.
Give me the car papers... the insurance papers... the car licence.
guiv mï ze kâr peïpeuz... ze innchourèns peïpeuz... ze kâr laïsseuns.

Voici mon **nom et mon adresse**.
Here's my name and address.
hieuz maï neïm annd edrèss.

Donnez-moi vos **papiers**, votre permis de conduire.
Give me your papers, your driving licence.
guiv mï yau peïpeuz yau draïvinn laïsseuns.

Puis-je **téléphoner** ?
May I make a phone call ?
meï aï meïk e'fOnn kaul ?

Acceptez-vous de **témoigner** ?
Will you act as a witness ?
wil you akt az e'witniss ?

Ne **touchez pas au blessé**.
Don't touch the injured person.
dOnnt tAtch ze inndjeud peus'n.

Avez-vous une **trousse de secours** ?
Do you have a first aid box ?
dou you hav e'feust eïd box ?

Garage

garage   garidj (garâj)

En situation

Pouvez-vous recharger la **batterie** ?
Can you recharge the battery please ?
kann you ritchâdj ze bateuri plïz ?

Le moteur **cale**.
The engine keeps stalling.
ze èndjinn kïps staulinn.

Pouvez-vous changer la **chambre à air** ?
Can you change my inner tube ?
kann you tcheïndj maï ineu tioub ?

Il est nécessaire de **changer** le (la)...
The... will have to be replaced...
ze... wil hav tou bï riplèïss'd...

Combien **coûte** la réparation ?
How much does the repair cost ?
ha-au mAtch dAz ze ripair kost ?

La voiture ne **démarre pas**.
The car won't start.
ze kar wonnt stâtt.

L'embrayage patine.
The clutch slips.
ze klAtch slips.

Le radiateur **fuit**.
The radiator's leaking.
ze reïdieïteuz lîkinn.

Il y a une **fuite** d'huile.
There's an oil leak.
zairz eun oïll lîk.

Puis-je **laisser la voiture** maintenant ?
May I leave my car now ?
meï aï lîv maï kâr na-au ?

Le **moteur** chauffe trop.
The engine overheats.
ze èndjinn Oveuhïtts.

Avez-vous la **pièce de rechange** ?
Do you have the spare part ?
dou you hav ze spair pâtt ?

Pouvez-vous changer le **pneu** ?
Can you change my tyre ?
kann you tcheïndj maï taïeu ?

Quand sera-t-elle **prête** ?
When will it be ready ?
wènn wil itt bï rèdi ?

Pouvez-vous **vérifier** l'allumage... la direction... les freins...
    l'huile... le circuit électrique ?
Please can you check the ignition... the steering... the
    brakes... the oil... the circuits ?
plîz kann you tchèk ze ig-nicheunn... ze stïrinn... ze breïks...
    ze oïll... ze seukitts ?

Les **vitesses** passent mal.
It's difficult to change (*US :* shift) gear.
its difikeult tou tcheïndj (chift) guïeu.

Panne

breakdown   breïkdaoun

En situation

Ma voiture est en panne.
My car has broken down.
maï kar haz brOk'n daoun.

Pouvez-vous m'**aider** à pousser... à changer la roue ?
Can you help me to push... to change the wheel ?
kann you hèlp mï tou pouch... tou tcheïndj ze wïl ?

Combien de temps faut-il **attendre** ?
How long will I have to wait ?
ha-au lonng wïl aï hav tou weïtt ?

Pouvez-vous me **conduire** à... ?
Can you drive me to... ?
kann you draïv mï tou... ?

Peut-on faire venir un **dépanneur** ?
Can you call a break-down mechanic ?
kann you kaul e'breïkdaoun mikanik ?

Où est le **garage** le plus proche ?
Where's the nearest garage ?
wairz ze nieurèst garidj ?

Pouvez-vous me **remorquer** ?
Can you tow me ?
kann you tO mï ?

Y a-t-il un **service de dépannage** ?
Is there a break-down service ?
iz zair e'breïkdaoun seuviss ?

La **station-service** est-elle loin ?
Is the service station far ?
iz ze seuviss steïcheunn fâr

D'où peut-on **téléphoner** ?
Where can I make a phone call ?
wair kann aï meïk e'fOnn kaul ?

Me permettez-vous d'**utiliser votre téléphone** ?
May I use your phone please ?
meï aï **iou**z yau f**O**nn plïz ?

Station-service

service station   **seu**viss st**eï**cheunn

En situation

Donnez-moi 10... 20... litres d'essence... d'ordinaire...
de super... de gasoil.
Give me ten... twenty... liters (two and a half... five
gallons) of petrol (*US* : gas)... regular... premium...
diesel.
guiv mï t**è**nn... tw**è**nti... l**i**teuz (t**ou** annd e'h**â**f... f**aï**v g**a**leuns)
ov p**è**treul (**ga**ss)... r**è**guiouleu... pr**ï**mieum... d**ï**zeul.

Faites le plein s'il vous plaît.
Fill her up please.
f**i**l heu **A**p plïz.

Il faudrait mettre de l'eau distillée dans la **batterie**.
The battery needs distilled water.
ze b**a**teri n**ï**ds distild w**au**teu.

Faut-il changer la **chambre à air** ?
Must the inner tube be changed ?
m**A**st ze ineu t**iou**b bï tche**ï**ndjd ?

Pouvez-vous **changer** le pneu ?
Can you change my tyre ?
kann you tche**ï**ndj maï t**aï**eu ?

Combien cela va-t-il **coûter** ?
How much is that going to cost ?
ha-au m**A**tch iz zatt g**O**inn tou k**o**st ?

Combien coûte le lavage ?
How much is a car wash ?
ha-au m**A**tch iz e'k**a**r w**o**ch ?

Pouvez-vous **nettoyer** le pare-brise ?
Can you wash the windscreen ?
kann you woch ze winnd-skrïnn ?

Pouvez-vous **régler** les phares ?
Can you adjust the headlights ?
kann you edjAst ze hèdlaïtts ?

Pouvez-vous **vérifier** l'eau... l'huile... les freins... la
   pression des pneus ?
Can you check the water... the oil... the brakes... the tyre
   pressure ?
kann you tchèk ze wauteu... ze oïll... ze breïks... ze taïeu
   prècheu ?

Veuillez faire une **vidange** et un graissage s'il vous plaît.
Please change the oil and grease my car.
plïz tcheïndj ze oïll annd grïss maï kâr.

Vocabulaire

Accélérateur	Accelerator	aksèlereïteu
Accélérer	(to) Accelerate	aksèlereïtt
Aile	Wing	winng
Allumage	Ignition	ig-nicheunn
Alternateur	Alternator	aulteneïteu
Amortisseur	Shock absorber	chok ebsaubeu
Ampoule	Bulb	bAlb
Antenne	Antenna	anntèneu
Antigel	Anti-freeze	anntifrïz
Antivol	Burglar alarm	beugleur eulâm
Arbre à cames	Camshaft	kamchâft
— de direction	Steering shaft	stïrin châft
— de transmission	Propeller shaft	propèleu châft
Arrière	Rear, back	rieu, bak
Avant	Front	frAnnt
Avertisseur	Horn, hooter	haun, houteu
Axe	Axle	ax'l
Balai essuie-glace	Wipers, blades	waïpeuz, bleïdz
Banquette	Seat	sïtt

Bas	Low	lO
Batterie	Battery	bateri
Bielle	**Connecting rod**	**Kenèktinn Rod**
Bloc de commande	Control unit	konntrOl iounitt
Bloc-cylindre	Cylinder block	silinndeu blok
Bloqué	Blocked	blokt
Bobine d'allumage	Ignition coil	ig-nicheunn koïll
Boîte de direction	Steering box	stïrinn box
— de vitesses	Gear box	guieu box
Bouchon	Cap, stopper	kâp, stopeu
Bougie	Sparking plug	spâkinn plAg
Boulon	Bolt	bOlt
Bruit	Noise	noïz
Câble	Cable	keïb'l
Calandre	Radiator grill	reïdieïteu gril
Capot	Bonnet	bonitt
	(*US* : Hood)	houd
Carburateur	Carburettor	kâbourèteu
Carrosserie	Coachwork	kOtch-weurk
	(*US* : Panel body)	pan'l bodi
Carter	Crankcase	krannkeïss
Cassé	Broken	brOk'n
Cataphote	Cat's eyes	katts aïz
Ceinture de sécurité	Safety belt	seïfti bèlt
Chaîne	Chain	tcheïn
Chambre à air	Inner tube	ineu tioub
Changer	(to) Change	tcheïndj
Châssis	Frame, chassis	freïm, chassi
Chauffage	Heating	hïtinn
Circuit électrique	Electric circuit	ilèktrik seukitt
Clef	Key	kï
— anglaise	Adjustable spanner	edjAsteub'l spaneu
	(*US* : Monkey wrench)	mAnnki rèntch
— de contact	Ignition key	ig-nicheunn kï
Clignotant	Indicator	inndikeïteu
	(*US* : Blinker)	blinnkeu
Code de la route	Highway code	haïweï kOd
Coffre	Boot	boutt
	(*US* : Trunk)	trAnnk

Cogner	(to) Hit	hitt
Coincé	Stuck	stAk
Colonne de direction	Steering column	stïrinn koleum
Commande	Control	konntrOl
Commutateur	Commutator	komiouteïteu
Compte-tour	Tachometer	takomïteu
Compteur de vitesse	Speedometer	spidomiteu
— kilométrique	Milometer	maïlomiteu
Condensateur	Condenser	konndènseu
Contact	Ignition	ig-nicheunn
Couler une bielle	(to) Burn out a connecting rod	beunaoutt e'kenèktinn rod
Courroie de ventilateur	Fan belt	fAnn bèlt
Court	Short	chautt
Court-circuit	short-circuit	chautt seukitt
Coussinet	Bearings	bèrinnz
Crevaison	Puncture	pAnnktcheu
Cric	Jack	djak
Culasse	Cylinder head	sillinnden hèd
Culbuteur	Rocker arm	rokeu âm
Cylindre	Cylinder	silinndeu
Débranché	Disconnected	diskenèktid
Débrayer	Declutch	dïklAtch
Défectueux	Faulty	faulti
Déflecteur	Ventilator	vèntileïteu
Déformé	Distorted, buckled	distautid, bAk'ld
Dégivrer	Defrost	dïfrost
Démarrer	(to) Start	stâtt
Démarreur	Starter	stâteu
Desserré	Loose	louss
Détendre	(to) Slacken	slak'n
Dévisser	(to) Unscrew	Annskrou
Différentiel	Differential	difeurèncheul
Direction	Steering	stïrinn
Dynamo	Dynamo	daïnemO
Eau	Water	wauteu
— distillée	Distilled water	distïld wauteu

Éblouir	(to) Blind, dazzle	blaïnnd, daz'l
Éclairage	Lighting	laïtinn
Écrou	Screw, nut	skrou, nAtt
Embrayage	Clutch	klAtch
Embrayer	(to) Let in clutch	lètt inn klAtch
Enjoliveur	Hub cap	hAb kap
Essence	Petrol	pètreul
	(*US* : Gas)	gass
Essieu	Axle	ax'l
Essuie-glace	Wipers	waïpeuz
Faible	Weak, low	wïk, lO
Fêlé	Cracked	krakt
Fermé	Closed, shut	klOzd, shAtt
Feux arrière	Rear lights	rieu laïtts
	(*US* : Tail lights)	teïll laïtts
— de position	Sidelights	saïd-laïtts
— de détresse	Warning lights	wauninn laïtts
— de stop	Brake lights	breïk laïtts
Fil	Wire	waïeu
Filtre	Filter	filteu
— à air	Air filter	air filteu
— à essence	Petrol filter	pètreul filteu
	(*US* : Gas filter)	gass filteu
— à huile	Oil filter	oïll filteu
Fort	Strong	stronng
Frein	Brake	breïk
— à disque	Disk brake	disk breïk
— à main	Hand brake	hannd breïk
Garniture de frein	Brake lining	breïk laïninn
Gicleur	Jet	djètt
Graissage	Greasing, lubrication	grïssinn, loubrikeïcheunn
Haut	High, upper	haï, Apeu
Jante	Rim	rim
Jauge (niveau)	Gauge	gueïdj
Joint de culasse	Gasket	gaskitt
— d'étanchéité	Gasket joint	gaskitt djoïnnt
Lavage	Wash	woch
Lave-glace	Windscreen wash	winnd-skrïnn woch
Lent	Slow	slO

Liquide de freins	Brake fluid	breïk flouid
Lubrifiant	Lubricant	loubrikeunt
	(*US* : Lube)	loub
Mécanicien	Mechanic	mikanik
Moteur	Motor, engine	mOteu, èndjinn
MOTO	MOTORBIKE	mOteubaïk
Béquille	Stand	stannd
Cardan	Shaft	châft
Chaîne	Chain	tcheïnn
Fourche avant	Front fork	frAnnt fauk
— arrière	Rear fork	rieu fauk
Garde-boue	Mudguard	mAdgâd
Guidon	Handle bar	hanndl bâr
Poignée	Handle	hanndl
Poignée des gaz	Throttle	t'hrot'l
Rayon	Spoke	spOk
Repose-pieds	Footrest	fouttrèst
Selle	Saddle	sadl
Nettoyer	(to) Clean	klïnn
Ouvert	Open	Op'n
Pare-brise	Windscreen	winnd-skrïnn
Pare-chocs	Buffer	bAfeu
Pédale	Pedal	pèd'l
Phare	Headlight	hèdlaïtt
— anti-brouillard	Fog lights	fog laïtts
— de recul	Reversing lights	riveussinn laïtts
Pièce de rechange	Spare part	spair pâtt
Pignon	Pinion	pïnieunn
Pince	Pliers	plaïeuz
Piston	Piston	pisteun
Plancher	Floor	flau
Plaque d'immatriculation	Number plate	nAmmbeu pleïtt
Pneu	Tyre	taïeu
— neige	Snow-tyre	snO taïeu
Pompe	Pump	pAmmp
— à eau	Water pump	wauteu pAmmp
— à essence	Petrol pump	pètreul pAmmp
	(*US* : Gas pump)	gass pAmmp

— à huile	Oil pump	inndjèkcheunn pAmmp
— d'injection	Injection pump	inndjèkcheunn pAmmp
Pont arrière	Rear axle	rieu ax'l
Porte-bagages	Carrier	karieu
Pot d'échappement	Exhaust	igzaust
Pression des pneus	Tyre pressure	taïeu prècheu
Projecteur	Headlight	hèdlaïtt
Radiateur	Radiator	reïdieïteu
Ralenti	Idling	aïdlinn
Rapide	Fast	fâst
Recharger	(to) Recharge	ritchâdj
Refroidissement	Cooling system	koulinn sisteum
Regarnir	(to) Reline	rilaïnn
Réglage du parallélisme	Alignment check	eulaïnmeunt tchèk
Régler	(to) Adjust	edjAst
Remorque	Trailer	treïleu
Remorquer	(to) Tow	tO
Remplacer	(to) Replace	ripleïss
Réparation	Repair	ripair
Réservoir d'essence	Petrol tank (*US* : Gas tank)	pètreul tannk gass tank
Rétroviseur extérieur	Wing mirror	winng mireu
— intérieur	Rear view mirror	rieu viou mireu
Roue	Wheel	wîl
— de secours	Spare wheel	spair wîl
Rouillé	Rusty	rAsti
Sale	Dirty	deurti
Sec	Dry	draï
Segment	Segment	sègmeunt
Serrer	(to) Tighten	taïtt'n
Serrure	Lock	lok
Siège	Seat	sïtt
Soupape	Valve	valv
Suspension	Suspension	seuspèncheunn
Système électrique	Electric circuit	ilèktrik seukitt
Tableau de bord	Dash board	dach baud
Tambour de frein	Brake drum, pad	breïk drAm, pad

Thermostat	Thermostat	t'h**eu**mostatt
Tige	Shaft	ch**â**ft
Tournevis	Screwdriver	skr**ou**draïveu
Toit ouvrant	Sunroof	sAnnr**ou**f
Transmission	Transmission	trannzm**i**cheunn
Usé	Worn	w**au**n
Ventilateur	Ventilator, fan	ventil**eï**teu, f**a**nn
Vidange	Oil change	oïll tch**eï**ndj
Vibrer	(to) Vibrate	vaïbr**eï**tt
Vilebrequin	Crank shaft	kr**a**nnk ch**â**ft
Vis	Screw	skr**ou**
Vitesse	Speed	sp**ï**d
Vite	Fast	f**â**st
Voie	Road, route	r**O**d, r**ou**tt
Volant	Steering wheel	st**ï**rinn w**i**l

LEXIQUE

A

A to.
Abaisser (to) lower.
Abandonner (to) abandon.
Abbaye abbey.
Abcès abscess.
Abeille bee.
Abîmer (to) damage.
Abonner (s') (to) subscribe.
Abord (d') to start with.
Abri shelter.
Abriter (s') (to) shelter.
Absent absent.
Absolument absolutely.
Abstenir (s') (to) abstain.
Absurde absurd.
Abus abuse.
Accélérer (to) accelerate.
Accent accent.
Accepter (to) accept.
Accessoire accessory.
Accident accident.
Accompagner (to) accompany.
Accord (d') OK, I agree.
Accrocher (to) hang.
Accueil reception.
Achat shopping.
Acheter (to) buy.
Acompte account.
Acquérir (to) buy.
Action action.
Activité activity.
Actuellement at the moment.
Addition addition, bill,
   (*US* : check).

Admettre (to) admit.
Administrateur administrator.
Admirer (to) admire.
Adresse address.
Adroit clever.
Adulte adult.
Adversaire adversary.
Aération aeration.
Aéroport airport.
Affaiblir (to) weaken.
Affaire business.
Affreux dreadful.
Afrique Africa.
Age age.
Agence agency.
Agent agent.
Aggravation worsening.
Agir (to) act.
Agrandir (to) enlarge.
Agréable nice, pleasant.
Agrément pleasure.
Aide help.
Aigre bitter.
Aiguille needle.
Ailleurs elsewhere.
Aimable likeable.
Aimer (to) like, (to) love.
Aîné eldest.
Ainsi thus.
Air air.
Ajournement postponement.
Ajouter (to) add.
Alcool alcohol.
Alentour surrounding.
Algérie Algeria.
Aliment food.

Aliter (s') (to) take to one's bed.
Allemagne Germany.
Allemand German.
Aller (to) go.
Aller et retour return trip, (*US* : round trip).
Allonger (s') (to) lie down.
Allumer (to) light.
Alors so, then.
Alpes (les) the Alps.
Altitude altitude.
Amabilité kindness.
Ambassade embassy.
Ambulance ambulance.
Améliorer (to) improve.
Amener (to) bring.
Amer sour.
Américain American.
Amérique America.
Ami friend.
Amnésie amnesia.
Amour love.
Ampoule bulb.
Amusant amusing.
Amuser (s') to amuse oneself.
Ancêtres ancestors.
Anglais English.
Angleterre England.
Angoisse anxiety.
Animal animal.
Année year.
Anniversaire birthday.
Annonce announcement.
Annuler (to) cancel.
Antalgique antalgesic.
Antérieur former.
Antidote antidote.
Antiquaire antique dealer.
Août August.
Apparaître (to) appear.
Appareil apparatus.
Appel call.

Appeler (to) call.
Appendicite appendicitis.
Appétit appetite.
Appui support.
Appuyer (to) lean.
Après after, later.
A propos de regarding.
Araignée spider.
Arbre tree.
Argent money.
Argument argument.
Aride arid, dry.
Arme weapon.
Arrêt stop, halt.
Arrêter (s') (to) stop.
Arrière back.
(**A l'arrière** at the back).
Arriver (to) arrive.
Art art.
Ascenseur lift.
Asseoir (s') (to) sit.
Assez enough.
Assiette plate.
Assurance insurance.
Assurer (to) insure.
Atelier workshop, studio.
Atroce atrocious.
Attaque attack.
Atteindre (to) reach.
Attendre (to) wait for.
Attente waiting.
Atterrir (to) land.
Attestation certificate.
Attitude attitude.
Auberge hotel.
Aucun none.
Au-dedans inside.
Au-dehors outside.
Au-delà further on.
Au-dessous below.
Au-dessus above.
Au-devant in front.
Augmentation increase.

Aujourd'hui today.
Auparavant formerly.
Auprès de close to, near.
Aussi also.
Aussitôt immediately.
Autant que as much as.
Authentique authentic.
Auto car (*US : automobile*).
Automne autumn (*US : fall*).
Autoriser (to) authorise.
Autorités authorities.
Autour around.
Autre other
Autriche Austria.
Autrichien Austrian.
Avaler (to) swallow.
Avance advance.
Avant before.
Avantageux advantageous.
Avant-hier the day before, yesterday
Avec with.
Avenir future.
Aventure adventure.
Averse downpour.
Avertir (to) warn.
Aveugle blind.
Avion plane.
Avis advice.
Avocat lawyer.
Avoir (to) have.
Avril April.

B

Bâbord port side.
Bac ferry.
Bâche awning.
Bagage luggage, (*US : baggage*).
Bague ring.
Baignade swimming.

Baigner (se) (to) swim.
Bain bath.
Baiser kiss.
Baisse decrease.
Baisser (se) (to) stoop.
Balade walk.
Balai broom.
Balance balance.
Balayer (to) sweep.
Ballon balloon.
Balnéaire seaside.
Balustrade balustrade.
Banc bench.
Bandage bandage.
Banlieue suburb.
Banque bank.
Barbe beard.
Barque small boat.
Barrage dam.
Barre bar.
Bas *(adj.)* low.
— *(nom)* stocking.
Baser (to) base.
Bassin pool.
Bataille battle.
Bateau boat.
Bâtiment building.
Bâtir (to) build.
Bâton stick.
Battre (to) beat.
Baume balm.
Bavard talkative.
Beau beautiful.
Beaucoup a lot.
Beau-fils son-in-law.
Beau-frère brother-in-law.
Beau-père father-in-law.
Beauté beauty.
Bébé baby.
Beige beige.
Belle-fille daughter-in-law.
Belle-mère mother-in-law.
Belle-sœur sister-in-law.

Belge Belgian.
Belgique Belgium.
Bénéfice benefit.
Bénévole benevolent.
Bénir (to) bless.
Berge bank.
Besoin de (avoir) (to) need.
Bétail cattle.
Bête *(adj.)* stupid.
— *(nom)* beast, animal.
Beurre butter.
Bicyclette bicycle.
Bien well.
Bientôt soon.
Bienvenu welcome.
Bière beer.
Bifurcation forking.
Bijou jewel.
Bijoutier jeweller.
Billet ticket.
Biscotte rusk, dry biscuit.
Bistrot bar.
Blanc white.
Blanchir (to) whiten.
Blenchisserie laundry.
Blé wheat.
Blesser (to) wound.
Bleu blue.
Bœuf beef, ox.
Boire (to) drink.
Bois wood.
Boisson drink.
Boîte box.
Bon good.
Bonheur happiness.
Bonsoir good evening.
Bonté kindness.
Bord edge.
Bosquet copse.
Bouche mouth.
Boucher butcher.
Boucle buckle.
Boue mud.

Bouée lifebelt.
Bouger (to) move.
Bougie candle.
Bouillant boiling.
Boulanger baker.
Boule ball.
Boussole compass.
Bouteille bottle.
Boutique shop.
Bouton button.
Bracelet bracelet.
Bras arm.
Brasserie brewer.
Bref brief.
Brésil Brazil.
Brillant brilliant, shiny.
Briser (to) break.
Broder (to) embroider.
Brosse brush.
Brouillard fog.
Bruit noise.
Brûler (to) burn.
Brume mist.
Brun brown.
Bureau office.
Bus bus.
But goal.
Butane butane.
Buvable drinkable.

C

Cabane hut.
Cabaret cabaret.
Cabine cabin.
Câble cable.
Cacher (to) hide.
Cadeau present.
Cadenas lock.
Cadet younger.
Cafard in the blues.
Café coffee.

Cahier text book.
Caillou stone, pebble.
Caisse box ; cash desk.
Calcaire chalk.
Cale hold.
Calendrier calendar.
Calmant calming.
Calme calm.
Camarade friend.
Camion lorry,
  (*US* : truck).
Campagne country.
Camper (to) camp.
Camping camping.
Canal canal.
Canard duck.
Cancer cancer.
Canne stick.
Canot rowing boat.
Capable capable.
Capitale capital.
Car *(un)* coach.
Cardiaque cardiac.
Cargaison cargo.
Carré square.
Carrefour crossroads.
Carte card.
— *(géo.)* map.
Carton carton.
Cas case.
Casse-croûte snack.
Casser (to) break.
Casserole saucepan.
Cathédrale cathedral.
Cauchemar nightmare.
Cause cause.
  (**A cause de** because of).
Causer (to) cause.
Caution care.
Cavalier horseman.
Ce, cet, cette this, that.
Ces these, those.
Ceci this.

Ceinture belt.
Cela that.
Célèbre well known.
Célibataire unmarried.
Celui-ci, celle-ci this one.
Celui-là, celle-là that one.
Cent one hundred.
Central central.
Centre center.
Cependant however.
Cercle circle.
Certain certain, sure.
Certainement certainly.
Certificat certificate.
Chacun each.
Chaîne chain.
Chaise chair.
Châlet chalet.
Chaleur heat.
Chaloupe fishing boat.
Chambre room.
Chance chance, luck.
Change exchange.
Changement change.
Changer (to) change.
Chanson song.
Chant song.
Chapeau hat.
Chapelle chapel.
Chaque each.
Charbon coal.
Charcuterie delicatessen.
Charge charge.
Chariot chariot.
Chasser (to) hunt.
Château castle.
Chaud hot.
Chauffage heating.
Chauffer (to) heat.
Chauffeur driver.
Chaussure shoe.
Chemin path.
Chemise shirt.

Chèque check.
Cher *(prix)* expensive.
— *(affec.)* dear.
Chercher (to) look for.
Chéri darling.
Cheval horse.
Cheveux hair.
Chien dog.
Chiffon rag.
Chiffre number.
Choc shock.
Choisir (to) choose.
Chose thing.
Chute fall.
Ciel sky.
Cigare cigar.
Cigarette cigarette.
Cimetière graveyard.
Cinéma cinema,
  (*US :* movie house).
Cintre coat hanger.
Cirage polish.
Circonstance circumstance.
Circuit tour.
Circulation circulation.
Ciseaux scissors.
Citoyen citizen.
Citron lemon.
Clair clear, pale.
Classe class.
Clavicule clavicle.
Clef key.
Client client.
Climat climate.
Cloche bell.
Clocher steeple, belfry.
Clou nail.
Cochon pig.
Code code.
Cœur heart.
Coiffeur hairdresser.
Coin corner.
Col collar.

Colère anger.
Colis parcel.
Collant *(adj.)* sticky.
Colle glue.
Collection collection.
Collier *(animal)* collar.
— *(bijou)* necklace.
Colline hill.
Collision collision.
Colonne column.
Coloré coloured.
Combien how much,
  how many.
Comestible edible.
Commande order.
Commander (to) order.
Comme as, like.
Commencement beginning.
comment how.
Commode dresser.
Commun common.
Communication
  communication.
Compagnon companion.
Comparaison comparison.
Comparer (to) compare.
Compartiment compartment.
Compatriote compatriot.
Complet *(adj.)* complete, full.
Composer (to) compose.
Comprendre (to) understand.
Comprimé tablet.
Compris understood.
Compte bancaire bank
  account.
Compter (to) count.
Concerner (to) concern.
Concert concert.
Concierge guardian,
  (*US :* janitor).
Condition condition.
Condoléances condolences.
Conducteur driver.

Conduire (to) drive.
Conduite driving.
Confiance confidence.
Confirmer (to) confirm.
Confiture jam.
Confondre (to) confuse.
Confort comfort.
Confortable comfortable.
Congé holiday.
Connaissance knowledge.
Connaître (to) know.
Connu known.
Consciencieux conscientious.
Conscient conscious.
Conseiller counsellor.
Consentir (to) consent.
Conserver (to) keep.
Considérable considerable.
Considérer (to) consider.
Consigne *(gare)* cloak room.
Consommation consumption.
Consommer (to) consume.
Constater (to) realise.
Constitution constitution.
Construire (to) build.
Consulat consulate.
Contact contact.
Contenir (to) contain.
Content pleased.
Contenu content.
Continuer (to) continue.
Contraceptif contraceptive.
Contrainte constrain.
Contraire contrary.
 (**Au contraire** to the
 contrary).
Contrat contract.
Contre against.
Contrôle control.
Contrôleur controller.
Convaincre (to) convince.
Convenir (to) suit.
Conversation conversation.

Coq cock.
Corde rope.
Cordial cordial.
Cordonnier cobbler.
Corps body.
Corpulent corpulent.
Correct correct.
Correspondance
 correspondance.
Corriger (to) correct.
Costume suit, costume.
Côte coast.
Côté side.
 (**A côté de** next to).
Coton cotton.
Cou neck.
Coucher (se) (to) lie down.
Couchette couchette, sleeper.
 (*US :* berth).
Coude elbow.
Coudre (to) sew.
Couler (to) flow.
Couleur colour.
Coup knock.
Coupable *(nom)* culprit.
 — *(adj.)* guilty.
Couper (to) cut.
Couple couple.
Coupon coupon.
Cour court.
Courant current.
Courir (to) run.
Courrier post,
 (*US :* mail).
Courroie belt.
Cours course.
Court *(adj.)* short.
Cousin cousin.
Coût cost.
Couteau knife.
Coûter (to) cost.
Coûteux expensive.
Coutume custom.

Couturier dressmaker.
Couvent convent.
Couvert *(temps)* overcast.
Couverture blanket.
Couvrir (to) cover.
Cracher (to) spit.
Craindre (to) fear.
Crayon pencil.
Crédit credit.
Créer (to) create.
Crème cream.
Crépuscule dusk.
Crier (to) shout.
Critiquer (to) criticize.
Croire (to) believe.
Croisière cruise.
Cru raw.
Cueillir (to) pick.
Cuiller spoon.
Cuir leather.
Cuire (to) cook.
Cuisine kitchen.
Cuisiner (to) cook.
Cuisinier cook.
Cuisinière (à gaz) (gas) cooker.
Cuisse thigh.
Curé pastor.
Curieux curious.
Curiosité curiosity.

D

Dame lady.
Danemark Denmark.
Danger danger.
Danois Danish.
Dans in.
Danse dance.
Danser (to) dance.
Date date.
Davantage more, even more.

De *(origine)* from.
Débarquer (to) disembark.
Debout standing.
Débrancher (to) disconnect.
Début (au) at the beginning.
Débuter (to) begin.
Décembre December.
Décent decent.
Décharger (to) unload.
Déchirer (to) tear.
Décidé determined.
Décider (to) decide.
Décision decision.
Déclaration declaration.
Déclarer (to) declare.
Décollage take-off.
Décommander (to) cancel.
Décompte deduction.
Déconseiller (to) advise against.
Décor decor, scenery.
Décourager (to) discourage.
Découvrir (to) discover.
Décrire (to) describe.
Décevoir (to) disappoint.
Déçu disappointed.
Dedans inside.
Dédouaner (to) clear.
Défaire (to) untie.
— les valises (to) unpack.
Défaut fault.
Défavorable unfavourable.
Défectueux faulty.
Défendre (to) defend.
Définir (to) define.
Dégât damage.
Dehors outside.
Déjà already.
Déjeuner lunch.
Délai delay.
Délicat delicate.
Délit offense.
Délivrer (to) deliver.

Demain tomorrow.
Demande demand.
Demander (to) ask.
Démarrer (to) start.
Déménager (to) move.
Demi half.
Démodé old fashioned.
Demoiselle spinster.
Dent tooth.
Dentelle lace.
Dentifrice toothpaste.
Dentiste dentist.
Départ departure.
Dépasser (to) pass,
  (to) overtake.
Dépêche dispatch.
Dépêcher (se) (to) hurry.
Dépenser (to) spend.
Dépenses expenses.
Déplaire à (to) displease.
Déplaisant unpleasant.
Déposer (to) deposit.
Depuis since.
Dérangement disturbance.
Déranger (to) disturb.
Dérégler (to) unsettle.
Dernier last.
Derrière behind.
Dès que as soon as.
Désagréable disagreeable.
Descendre (to) go down.
Descente going down.
Description description.
Désert desert.
Désespérer (to) despair.
Déshabiller (to) undress.
Désinfecter (to) desinfect.
Désir desire.
Désirer (to) desire.
Désordre disorder.
Dessiner (to) draw.
Dessous under, below.
Dessus above, over.

Destinataire addressee.
Destination destination.
Détachant stain remover.
Détail detail.
Détour detour.
Détruire (to) destroy.
Dette debt.
Deuxième second.
Deuxièmement secondly.
Devant in front.
Développement development.
Développer (to) develop.
Devenir (to) become.
Déviation deviation.
Deviner (to) guess.
Devises currency.
Devoir duty.
Diarrhée diarrhoea.
Dictionnaire dictionary.
Dieu God.
Différence difference.
Différent different.
Différer (to) differ.
Difficile difficult.
Difficulté difficulty.
Dimanche Sunday.
Diminuer (to) diminish.
Dîner dinner.
Dire (to) say, (to) tell.
Directement directly.
Directeur director.
Direction direction.
Disparaître (to) disappear.
Disque record.
Distance distance.
Distingué distinguished.
Distinguer (to) distinguish.
Distraction distraction.
Distraire (se) (to) amuse
  oneself.
Distrayant distracting.
Divers diverse.
Divertissant amusing.

Divinité divinity.
Diviser (to) divide.
Dix ten.
Docteur doctor.
Document document.
Doigt finger.
Domaine domaine.
Domicile residence.
Dommage damage.
Donc therefore.
Donner (to) give.
Dormir (to) sleep.
Dos back.
Douane customs.
Douanier customs officer.
Double double.
Doubler (to) double.
Doucement gently.
Douche shower.
Douleur pain.
Douloureux painful.
Doute doubt.
Douteux doubtful.
Doux soft.
Douzaine dozen.
Drap sheet.
Droit *(adj.)* straight.
— *(nom)* right.
 (**A droite** to the right).
Dune dune.
Dur hard.
Durée duration.
Durer (to) last.
Dureté hardness.

E

Eau water.
Écart divergence.
Ecclésiastique ecclesiastical.
Échange exchange.
Échanger (to) exchange.

Échantillon sample.
Échelle ladder.
Éclair lightening.
Éclairé enlightened.
École school.
Économiser (to) save,
 (to) economize.
Écouter (to) listen to.
Écouteur earphone.
Écrire (to) write.
Édifice building.
Éducation education.
Effet effect.
Efficace efficient.
Efforcer (s') (to) endeavour.
Effort effort.
Effrayer (s') (to) be frightened.
Égal equal.
 (**Égal [cela m'est]** it's all
 the same to me).
Égard respect.
Égarer (to) mislead.
Église church.
Élections elections.
Elle she, it ; her.
Éloigné distant.
Emballage packing.
Embrasser (to) kiss, (to)
 embrace.
Émission emission.
Emmener (to) take away.
Empêcher (to) prevent.
Empire ,empire.
Emploi employment.
Employé employee.
Employer (to) employ,
 (to) use.
Emporter (to) carry away.
Emprunter (to) borrow.
Ému moved.
En in.
Encore again.
Endommager (to) damage.

Endormir (s') (to) fall asleep.
Endroit place.
Enfant child.
Enfin at last.
Enflammer (to) set on fire.
Enflure swelling.
Enlever (to) remove, (to) take off.
Ennuyeux boring.
Enseigner (to) teach.
Ensemble together.
Ensuite after, then.
Entendre (to) hear.
Enthousiasme enthusiasm.
Entier entire, whole.
Entracte interval.
Entraider (s') (to) help one another.
Entre between.
Entrée entry, entrance.
Entreprise enterprise.
Entrer (to) enter, (to) come in.
Enveloppe envelope.
Envers reverse.
  (**A l'envers** inside out).
Environ around.
Environs surroundings.
Envoyer (to) send.
Épais thick.
Épaule shoulder.
Épeler (to) spell.
Épice spice.
Épicerie grocery.
Épidémie epidemic.
Épingle pin.
Époque epoch, era.
Épouvantable horrible.
Épuisé exhausted.
Équipage crew.
Équipe team.
Équipement equipment.
Équiper (to) equip.
Équitation riding.

Équivalent equivalent.
Erreur error, mistake.
Escale stopover.
Escalier staircase.
Escroquerie swindle.
Espace space.
Espagne Spain.
Espagnol Spanish.
Espèces (en) in cash.
Espérer (to) hope.
Essayer (to) try.
Essence petrol,
  (*US :* gasoline).
Est *(point card.)* east.
Estimer (to) estimate.
Estomac stomach.
Et and.
Étage floor (*US :* story).
État state.
Été *(saison)* summer.
Éteindre (to) put out.
Étendre (s') (to) lie down.
Étoffe material.
Étoile Star.
Étonner (s') (to) be surprised.
Étranger stranger, foreigner.
Être (to) be.
Étroit tight, narrow.
Études studies.
Europe Europe.
Européen European.
Évaluer (to) evaluate.
Évanouir (s') (to) faint.
Événement event.
Éventuellement possibly.
Évident obvious.
Éviter (to) avoid.
Exact exact.
Examiner (to) examine.
Excédent excess.
Excellent excellent.
Exception exception.
Excursion excursion.

Excuse excuse.
Excuser (s') (to) excuse oneself.
Exemple example.
Exercer (s') (to) practice.
Exercice exercice.
Expédition expedition.
Expérience experience.
Expert expert.
Expirer (to) expire.
Expliquer (to) explain.
Exportation exportation.
Exposition exhibition.
Exprès on purpose.
Express express.
Extérieur exterior.
Extincteur extinguisher.
Extraordinaire extraordinary.

F

Fabriqué en made in.
Face face.
  (**En face de** facing).
Fâché angry.
Fâcheux unfortunate.
Facile easy.
Façon manner.
Facteur postman,
  (*US* : mailman).
Facture bill.
Faible weak.
Faim hunger.
Faire (to) do, (to) make.
— **attention** (to) be careful.
— **demi-tour** (to) turn around.
— **marche arrière**
  (to) reverse.
Fait *(nom)* fact.
Falloir (to) need.
Famille family.
Fatigant tiring.

Faute fault.
Faux false.
Faveur favour.
Féliciter (to) congratulate.
Féminin feminin.
Femme woman.
Fenêtre window.
Fer iron.
Férié public holiday.
Ferme *(adj.)* firm, steady.
— *(nom)* farm.
Fermer (to) close, (to) shut.
Fermeture closing.
Féroce ferocious.
Ferroviaire railway.
Fête feast.
Fêter (to) celebrate.
Feu fire.
Feuille *(d'arbre)* leaf.
— *(de papier)* sheet.
Février February.
Fiancé fiancé.
Ficelle string.
Fièvre fever.
Fil thread.
Filet *(pêche)* net.
Fille girl.
Film film.
Fils son.
Filtre filter.
Fin *(adj.)* thin, fine.
— *(nom)* end.
Firme company.
Fixer (to) fix.
Flamme flame.
Fleur flower.
Fleurir (to) blossom,
  (to) bloom.
Fleuve river.
Foi faith.
Foie liver.
Foire fair.
Fois time.

Fonctionnaire civil servant.
Fonctionner (to) function.
Fond bottom.
Force force.
Forêt forest.
Formation formation.
Forme form, shape.
Former (to) form, (to) shape.
Formidable wonderful.
Formulaire form.
Fort strong.
Fou mad.
Foulard scarf.
Foule crowd.
Fourchette fork.
Fournir (to) provide.
Fourrure fur.
Fragile fragile.
Frais fresh.
Français French.
France France.
Frapper (to) hit.
Fraude fraud.
Freins breaks.
Fréquent frequent.
Frère brother.
Frire (to) fry.
Froid cold.
Fromage cheese.
Frontière frontier.
Frotter (to) rub.
Fruit fruit.
Fuite leak.
Fumé smoked.
Fumée smoke.
Fumer (to) smoke.
Fumeur smoker.
Funiculaire funicular.
Fusible fuse.
Fusil rifle.
Furieux furious.
Futur future.

G

Gagner (to) win *(jeu)*, (to) earn *(argent)*.
Gai cheerful.
Gain earnings.
Galerie gallery.
Galoper (to) canter, (to) gallop.
Gant glove.
Garage garage.
Garantie guarantee.
Garçon boy.
Garder (to) keep.
Gardien guardian.
Gare station.
Garer (se) (to) park.
Gasoil diesel oil.
Gaspiller (to) waste.
Gâteau cake.
Gauche left.
   (**A gauche** to the left).
Gaz gas.
Gazeux gaseous.
Geler (to) freeze.
Général general.
Gens peoplc.
Gentil nice.
Gérant manager.
Gibier game.
Glace Ice.
Gonfler (to) swell.
Gorge throat.
Goût taste.
Goûter (to) taste.
Goutte drop.
Grâce à thanks to.
Grand tall, big, large.
Grandeur size.
Grandir (to) grow.
Grand-mère grand-mother.
Grand-père grand-father.
Gras fat.

Gratuit free.
Grave serious.
Grève strike.
Grille grill.
Griller (to) grill.
Grimper (to) climb.
Grippe flu.
Gris grey.
Gros large, fat.
Grossier rough.
Grossir (to) put on weight.
Groupe group.
Guêpe wasp.
Guérir (to) heal.
Guichet counter, desk.
Guide guide.
Guider (to) guide.

H

Habiller (s') (to) dress.
Habitant inhabitant.
Habiter (to) live.
Habitude habit.
Habituellement habitually.
Habituer (s') (to) get used to.
Hacher (to) mince.
Hanche hip.
Haricot bean.
Hasard hazard.
Hâte haste.
Haut high.
Haut (en) above, upstairs.
Hauteur height.
Hebdomadaire weekly.
Herbe grass.
Heure hour.
Heureux happy.
Heureusement luckily.
Hier yesterday.
Histoire story, history.
Hiver winter.

Homard lobster.
Homme man.
Honnête honest.
Honneur honor.
Honte de (avoir) (to) be ashamed of.
Honoraires fees.
Hôpital hospital.
Horaire timetable, (*US :* schedule).
Horloger watchmaker.
Horrible horrible, nasty.
Hors de out of.
Hors-d'œuvre hors d'œuvre.
Hors saison out of season.
Hors taxe duty free.
Hospitalité hospitality.
Hôte host.
Hôtel hotel.
Hôtel de ville town hall.
Hôtesse hostess.
— de l'air air hostess.
Huile oil.
Huître oyster.
Humeur humour, temper.
Humide humid, damp.
Humour humour.
Hutte hut.

I

Ici here.
Idéal ideal.
Idée idea.
Idiot idiot.
Il he, it.
Ils they.
Il y a there is, there are.
Ile island.
Illégal illegal.
Illustration illustration.
Image image, picture.

Imbécile fool.
Immatriculation registration.
Immédiat immediate.
Immeuble building.
Immigration immigration.
Immunisation immunization.
Immunisé immunized.
Impatient impatient.
Imperméable *(adj.)* waterproof.
— *(nom)* raincoat.
Important important.
Importuner (to) bother.
Impossible impossible.
Impôt income tax.
Impression impression.
Imprimer (to) print.
Impropre improper.
Imprudent imprudent.
Inadvertance inadvertance.
Inattendu unexpected.
Incapable incapable.
Incendie fire.
Incertain uncertain.
Incident incident.
Inclure (to) include.
Inclus included.
Inconfortable uncomfortable.
Inconnu unknown.
Inconvénient inconvenient.
Incroyable unbelievable.
Indécent indecent.
Indécis undecided.
Indépendant independent.
Indésirable undesirable.
Indéterminé undetermined.
Indication indication.
Indice indication.
Indigestion indigestion.
Indiquer (to) indicate.
Indispensable indispensable.
Individuel individual.
Industrie industry.
Inefficace ineffective.

Inévitable inevitable.
Inexpérimenté inexperienced.
Infecté infected.
Infectieux infectious.
Infirme disabled.
Infirmière nurse.
Inflammable inflammable.
Information information.
informer (to) inform.
Injection injection.
Injuste unfair.
Innocent innocent.
Inoffensif inoffensive.
Inondation flood.
Inquiet worried.
Inscrire (to) inscribe, (to) write down.
Insecte insect.
Insecticide insecticide.
Insignifiant insignificant.
Insister (to) insist.
Insolation sun stroke.
Insomnie insomnia.
Installation installation.
Instant instant.
Institut institute.
Instruction instruction.
Instrument instrument.
Insuffisant insufficient.
Insuline insulin.
Insupportable unbearable.
Intelligence intelligence.
Intelligent intelligent.
Intensif intensive.
Intercontinental intercontinental.
Intéressant interesting.
Intéresser (s') (to) be interested.
Intérêt interest.
Intérieur (à l') inside.
Intermédiaire intermediary.
International international.

Interprète interpreter.
Interroger (to) examine.
Interrompre (to) interrupt.
Interrupteur switch.
Interruption interruption.
Intervalle interval.
Intonation intonation.
Inutile useless.
Inventer (to) invent.
Inversement conversely.
Inviter (to) invite.
Invraisemblable unlikely.
Irrégulier irregular.
Irriter (to) irritate, (to) annoy.
Italie Italy.
Italien Italian.
Itinéraire itinerary.
Ivre drunk.

J

Jadis formerly
Jaloux jealous.
Jamais never.
Jambe leg.
Jambon ham.
Janvier January.
Japon Japan.
Japonais Japanese.
Jardin garden.
Jaune yellow.
Je I.
Jetée jetty, pier.
Jeter (to) throw.
Jeton token.
Jeu game.
Jeudi Thursday.
Jeun (à) with an empty stomach.
Jeune young.
Jeûne fast.
Jeunesse youth.

Joaillerie jewellery.
Joie joy.
Joindre (to) join.
Joli pretty.
Jonction junction.
Jouer (to) play.
Jouet toy.
Jouir (to) enjoy.
Jour day.
Journal newspaper.
Journée day.
Joyeux merry.
Juge judge.
Juger (to) judge.
Juillet July.
Juin June.
Jumeau twin.
Jumelles binoculars.
Jument mare.
Jupe skirt.
Jurer (to) swear.
Juridique legal.
Juron oath.
Jus juice.
Jusque as far as.
  (**Jusqu'à ce que** until now).
Juste just, right.
Justice justice.

K-L

Kilogramme kilogram.
Kilomètre kilometer.
Kiosque kiosk,
  (*US :* stand).
Klaxon horn, hooter.

Là there.
Là-bas over there.
Là-haut up there.
Lac lake.
Lacet lace.

Laid ugly.
Laine wool.
Laisser (to) leave.
Laissez-passer permit.
Lait milk.
Lampe lamp.
— de poche torch.
Langue tongue.
Lapin rabbit.
Large wide.
Largeur width.
Lavabo wash basin.
Laver (to) wash.
Laverie laundry.
Le, la, les the.
Leçon lesson.
Légal legal.
Léger light.
Légumes vegetables.
Lent slow.
Lentement slowly.
Lentilles lentils.
Lequel, laquelle which.
Lessive washing.
Lettre letter.
Leur their.
Lever (se) (to) get up.
Levier lever.
Lèvre lip.
Libre free, vacant.
Licence licence.
Licite licit, lawful.
Lier (to) bind.
Lieu place.
Ligne line.
Linge laundry.
Liquide liquid.
Lire (to) read.
Liste list.
Lit bed.
Litige dispute.
Litre litre.
Livre book.

Livrer (to) deliver.
Localité locality.
Locataire tenant.
Location rental.
Loge *(théâtre)* box.
Loi law.
Loin far.
Loisir leisure.
Long long.
Longueur length.
Lotion lotion.
Louer *(voiture)* (to) rent.
Lourd heavy.
Loyer rent.
Lui he, it, him, her.
Lumière light.
Lumineux luminous.
Lundi Monday.
Lune moon.
Lunettes glasses.
Luxe luxury.
Luxueux luxurious.

M

Machine machine.
Mâchoire jaw.
Madame Madam, Mrs.
Mademoiselle Miss.
Magasin shop.
Magnifique magnificent.
Mai May.
Maigre thin.
Maigrir (to) lose weight.
Maillot de bain swimming suit.
Main hand.
Maintenant now.
Mairie town hall.
Mais but.
Maison house.
Maître d'hôtel head waiter.
Malade ill, sick.

Maladie disease, illness.
Mâle male.
Malheureusement
unfortunately.
Malheureux unhappy.
Malhonnête dishonest.
Malle trunk.
Malsain unhealthy.
Manche *(vêt.)* sleeve.
Manger (to) eat.
Manière manner.
Manifestion manifestation.
Manifestement obviously.
Manque lack.
Manquer (to) lack, (to) miss.
Manteau coat.
Manucure manicure.
Maquillage make-up.
Marchand merchant,
shopkeeper.
Marchander (to) bargain.
Marchandise merchandise,
goods.
Marcher (to) walk.
Mardi Tuesday.
Marée basse low tide.
— haute high tide.
Mari husband.
Mariage marriage, wedding.
Marié married, wed.
Marier (se) (to) get married.
Marin sailor.
Marine navy.
Maroquinerie leather work.
Marque mark.
Marraine godmother.
Marron brown.
Mars March.
Marteau hammer.
Masculin masculin.
Masque mask.
Massage massage.
Match match.

Matelas mattress.
Matériel material.
Matin morning.
Mauvais bad.
Maximum maximum.
Mécanicien mechanic.
Mécanisme mechanism.
Méchant nasty.
Mèche *(cheveux)* lock.
Mécontent displeased.
Médecin doctor.
Médical medical.
Médicament drug, medicine.
Médiocre mediocre.
Méditerranée Mediterranean.
Méfier (se) (to) distrust.
Meilleur better.
Meilleur (le) the best.
Mélange mixture.
Mélanger (to) mix.
Membre member.
Même same.
Mensonge lie.
Mensuel monthly.
Mentir (to) lie.
Menu menu.
Mer sea.
Merci thank you.
Mercredi Wednesday.
Mère mother.
Merveilleux marvellous.
Message message.
Messe mass.
Mesure measure.
Mesurer (to) measure.
Métal metal.
Météorologie meteorology.
Mètre metre.
Métro underground, tube,
(*US* : subway).
Mettre (to) put.
Meuble furniture.
Meublé furnished.

Meurtre murder.
Microbe microbe, germ.
Midi midday, noon.
Mieux better.
Migraine migraine.
Milieu middle.
Milieu de (au...) amongst.
Mille *(nombre)* thousand,
— *(anglais)* mile.
Million million.
Mince thin.
Mineur miner.
Minimum minimum.
Minuit midnight.
Minute minute.
Miroir mirror.
Mode fashion.
— **d'emploi** directions for use.
Modèle model.
Moderne modern.
Moi me.
Moins less.
(**Au moins** at least).
Mois month.
Moitié half.
Moment moment.
Mon, ma, mes my.
Monastère monastery.
Monde world.
Monnaie change.
Monsieur Mister, Sir.
Montagne mountain.
Montant amount.
Montre watch.
Montrer (to) show.
Monument monument.
Morceau piece, bit.
Mort death.
Mosquée mosque.
Mot word.
Moteur motor.
Moto motorbike.
Mou soft.

Mouche fly.
Mouchoir handkerchief.
Mouillé wet.
Moule mussel.
Mourir (to) die.
Moustiquaire mosquito net.
Moustique mosquito.
Moutarde mustard.
Mouton sheep.
Mouvement movement.
Moyen de transport means of transport.
Mur wall.
Mûr ripe.
Musée museum.
Musique music.

N

Nage swimming.
Nager (to) swim.
Naissance birth.
Naître (to) be born.
Nappe table-cloth.
Natation swimming.
Nationalité nationality.
Nature nature.
Naturel natural.
Naufrage shipwreck.
Nausée nausea.
Navigation navigation.
Navire ship.
Nécessaire necessary.
Nécessité necessity.
Né born.
Nef nave.
Négatif negative.
Négligent negligent.
Neige snow.
Neiger (to) snow.
Nerveux nervous.
Nettoyer (to) clean.

Neuf *(adj.)* new.
Neveu nephew.
Nez nose.
Nièce niece.
Nier (to) deny.
Niveau level.
Noël Christmas.
Nœud nod.
Noir black.
Nom name,
— **de famille** surname.
Nombre number.
Nombreux numerous.
Non no.
Nord north.
— **-est** north-east.
— **-ouest** north-west.
Normal normal.
Note note.
Notre our.
Nourrissant nourishing.
Nourriture food.
Nous we.
Nouveau new.
Nouvel An New Year.
Nouvelles news.
Novembre November.
Noyau stone.
Noyer (to) drown.
Nu naked.
Nuage cloud.
Nuire (to) prejudice, (to) harm.
Nuisible harmful.
Nuit night.
Nulle part nowhere.
Numéro number.
Numéroter (to) number.

O

Objectif objective.
Objet object.

Obligation obligation.
Obligatoire obligatory.
Obligeance kindness.
Obscur obscure.
Observer (to) observe.
Obtenir (to) obtain.
Occasion occasion.
Occupé occupied.
Océan ocean.
Octobre October.
Odeur smell, odour.
Œil eye.
Œillet carnation.
Œuf egg.
Œuvre work.
Offense offense.
Office office.
Officiel official.
Offrir (to) offer.
Oiseau bird.
Ombre shade, shadow.
Omelette omelette.
Omission omission.
On one.
Oncle uncle.
Onde wave.
Ongle nail.
Opéra opera.
Opération operation.
Opérer (to) operate.
Opinion opinion.
Opportun opportune.
Opticien optician.
Or gold.
Orage storm.
Orange orange.
Orchestre orchestra.
Ordinaire ordinary.
Ordinateur computer.
Ordonnance prescription.
Ordre order.
Ordures trash, rubbish.
Oreiller pillow.

Oreilles ears.
Organisation organization.
Organiser (to) organize.
Orientation orientation.
Originaire de (être...) (to) come from.
Original original.
Orteil toe.
Orthographe spelling.
Os bone.
Oser (to) dare.
Ôter (to) take off.
Ou or.
Où where.
Oublier (to) forget.
Ouest west.
Oui yes.
Outil tool.
Ouvert open.
Ouvre-boîtes tin opener, (*US* : can opener).
Ouvrir (to) open.

P

Page page.
Paiement payment.
Paillasson doormat.
Paille straw.
Pain bread.
Paire pair.
Paix peace.
Palais palace.
Pâle pale.
Palmes flippers.
Pamplemousse grapefruit.
Panier basket.
Panne breakdown.
Panneau notice board.
Pansement dressing, bandage.
Pantalon trousers, slacks.

Papeterie stationery.
Papier paper.
— d'emballage wrapping paper.
— à lettre writing paper.
— hygiénique toilet paper.
Papiers *(documents)* papers, documents.
Papillon butterfly.
Paquebot steamer.
Pâques Easter.
Paquet packet, parcel.
Par by.
Paraître (to) appear.
Parapluie umbrella.
Parasol parasol.
Paravent screen.
Parc park.
Parce que because.
Parcmètre parkingmeter.
Par-dessus over.
Pardessus overcoat.
Pardon sorry, pardon.
Pardonner (to) forgive.
Pareil same.
Parents parents.
Paresseux lazy.
Parfait perfect.
Parfum perfume, scent.
Pari bet.
Parier (to) bet.
Parking parking lot.
Parlement parliament.
Parler (to) talk, (to) speak.
Parmi among.
Parrain godfather.
Part part, share.
Partager (to) share.
Parti *(part. passé)* left.
Partir (to) leave.
Partout everywhere.
Pas step.
Pas *(négation)* not.

Passage à niveau level crossing.
— souterrain subway.
Passager passenger.
Passé past.
Passeport passport.
Passer (to) pass.
Passe-temps hobby.
Passionnant fascinating.
Pasteur minister.
Pastille pastille, lozenge.
Pâte paste.
Patient patient.
Patienter (to) wait.
Patinage skating.
Pâtisserie pastry.
Patrie native country.
Patron boss.
Paupière eyelid.
Pause pause.
Pauvre poor.
Payable payable.
Payer (to) pay.
Pays country.
Paysage countryside, landscape.
Péage toll.
Peau skin.
Pêche *(fruit)* peach,
— *(poisson)* fishing.
Pêcher (to) fish.
Pêcheur fisherman.
Pédicure pedicure.
Peigne comb.
Peindre (to) paint.
Peine sorrow.
  (**A peine** hardly).
Peintre painter, artist.
Pelle shovel.
Pellicule *(film)* film,
— *(cheveux)* dandruff.
Pelote ball.
Pendant during.

Penderie wardrobe.
Pendule clock.
Penser (to) think.
Pension pension.
Pente slope.
Pentecôte Pentecost.
Pépin pip.
Perdre (to) lose.
Père father.
Périmé expired.
Période period.
Périphérique ring road
  (*US :* circular route).
Perle pearl.
Permanent permanent.
Permettre (to) allow, (to) permit.
Permission permission.
Personne *(nég.)* nobody,
— *(nom)* person.
Personnel personal.
Persuader (to) persuade.
Perte loss.
Peser (to) weigh.
Petit small.
Petit déjeuner breakfast.
Petits-enfants grand-children.
Petit-fils grand-son.
Petite-fille grand-daughter.
Peu little, few.
Peuple people.
Peur fear.
Peut-être perhaps.
  (*US :* maybe) .
Pharmacie chemist, pharmacy.
Photocopie photocopy.
Photocopier (to) photocopy.
Photographe photograph.
Photographier (to) photograph.
Phrase sentence.
Pickpocket pickpocket.
Pièce de monnaie coin.
— de rechange spare part.
— de théâtre play.

Pied foot.
Pierre stone.
Piéton pedestrian.
Pigeon pigeon.
Pile battery.
Pilule pill.
Pilote pilot.
Pin pine.
Pince à épiler tweezers.
— à linge clothes peg.
Pince *(outil)* pliers.
Pinceau paintbrush.
Pipe pipe.
Piquant spicy.
Piquer (to) prick.
Piqûre injection.
Pire worse.
Pire (le) the worst.
Piscine pool, swimming pool.
Piste track, run.
Pitié pity, compassion.
Pittoresque picturesque.
Placard cupboard.
Place place.
— *(village)* square.
— réservée seat.
Plafond ceiling.
Plage beach.
Plaindre (se) (to) complain.
Plaine plain.
Plainte complaint.
Plaire (to) please.
Plaisanter (to) joke.
Plaisir pleasure.
Plan plan, map.
Plancher floor.
Plante plant.
Plat *(nom)* dish,
— *(adj.)* flat.
Plateau plateau.
Platine platinum.
Platine *(tourne-disques)*
  turntable.

Plein full.
Pleurer (to) cry.
Pleuvoir (to) rain.
Plier (to) fold, (to) bend.
Plomb lead.
Plonger (to) dive.
Pluie rain.
Plume feather.
Plus que more than.
Plus ou moins more or less.
Plusieurs several.
Plutôt rather.
Pneu tyre.
Pneumonie pneumonia.
Poche pocket.
Poêle stove.
Poids weight.
Poignet wrist.
Point point, spot.
Pointe point.
Pointu sharp.
Pointure size.
Poire pear.
Poison poison.
Poisson fish.
Poissonnier fishmonger.
Poitrine chest.
Poivron pepper.
Poli polite.
Police police.
Politesse courtesy.
Politique politics.
Pommade ointment.
Pomme apple.
Pompe pump.
Pompier fireman.
Pont bridge.
Populaire popular.
Population population.
Porc pork, pig.
Porcelaine porcelain.
Port harbour, port.
Portail gate.

Portatif portable.
Porte door.
Porte-clefs key ring.
Porte-documents briefcase.
Portefeuille wallet.
Portemanteau coatstand.
Porte-monnaie purse.
Porter (to) carry.
Porteur porter.
Portier doorman.
Portion portion.
Portrait portrait.
Poser (to) put (down).
Position position.
Posséder (to) possess.
Possession possession.
Possibilité possibility.
Possible possible.
Poste post office.
— de police police station.
Pot pot.
Potable drinkable.
Potage soup.
Poteau pole.
Poterie pottery.
Poubelle dustbin.
  (*US :* trash-can).
Pouce *(mesure)* inch,
— *(doigt)* thumb.
Poudre powder.
Poulet chicken.
Poupée doll.
Pour for.
— quoi what for.
Pourboire tip.
Pourcentage percentage.
Pourquoi why.
Pourri rotten.
Pourtant nevertheless.
Pousser (to) push.
Poussière dust.
Pouvoir (to) be able.
Pratique practical.

Pratiquer (to) practise.
Pré field.
Précaution precaution.
Précieux precious.
Précision precision.
Préférence preference.
Préférer (to) prefer.
Premier first.
Premiers secours first aid.
Prendre (to) take.
Prénom christian name.
Préoccupé worried.
Préparé prepared.
Préparer (se) (to) get ready.
Près de near.
Présenter (to) present.
Préservatif preservative,
  condom.
Presque nearly.
Pressé in a hurry.
Presser (to) squeeze.
Prêt ready.
Prêter (to) lend.
Prétexte pretext.
Prêtre priest.
Preuve proof.
Prévenir (to) warn.
Prévu planned.
Prier (to) pray.
Prière prayer.
Prince prince.
Princesse princess.
Principal principal, main.
Principalement principally,
  mainly.
Printemps spring.
Prison jail, prison.
Privé private.
Prix price.
Probabilité probability.
Probable probable, likely.
Problème problem.
Prochain next.

Prochainement soon.
Proche *(nom)* next of kin.
Procuration procuration.
Procurer (to) provide.
Produire (to) produce.
Produit product.
Professeur professor.
Profession profession, trade.
Profond deep.
Programme program.
Progrès progress.
Projet project.
Prolonger (to) prolong.
Promenade walk.
Promesse promise.
Promettre (to) promise.
Promotion promotion.
Prononcer (to) pronounce.
Prononciation pronounciation.
Pronostiquer (to) forecast.
Propos de (à) regarding.
Proposer (to) suggest,
  (to) propose.
Proposition proposition.
Propre *(à soi)* own.
— *(net)* clean.
Propriétaire owner, landlord.
Propriété property.
Prospectus leaflet.
Prostituée prostitute.
Protection protection.
Protestant protestant.
Protester (to) protest.
Prouver (to) prove.
Provisions provisions.
Provisoire provisional.
Proximité proximity.
Prudent prudent, careful.
Public public.
Publicité publicity.
Puce flea.
Puis then.
Puissant strong, powerful.

Puits well.
Punaise drawing pin
  (*US* : thumbtack).
Pur pure.
Pus pus.

Q

Quai quay, platform.
Qualifié qualified.
Qualité quality.
Quand when.
Quantité quantity.
Quart quarter.
Quartier area, district.
Que that.
Quel, quelle which.
Quelque chose something.
Quelque part somewhere.
Quelquefois sometimes.
Quelques some, a few.
Quelqu'un somebody,
  someone.
Querelle quarrel.
Question question.
Queue tail.
Qui who, which.
Quincaillerie hardware.
Quiconque whoever.
Quittance receipt.
Quitter (to) leave.
Quoi what.
Quoique even though.
Quotidien daily.

R

Rabbin rabbi.
Raccommoder (to) mend.
Raccourcir (to) shorten.
Raconter (to) tell.

Radiateur radiator.
Radio radio.
Radiographie x-ray.
Rafraîchissement refreshment.
Rage rabies.
Raide stiff.
Raisin grape.
Raison reason.
Raisonnable reasonable.
Ramer (to) row.
Rang row.
Rapide rapid, fast.
Rappeler (to) recall.
Raquette racket.
Rare rare.
Raser (se) (to) shave.
Rasoir razor.
Rat rat.
Ravi delighted.
Ravissant ravishing.
Rayon *(magasin)* display.
— *(soleil)* ray.
Réalité reality.
Récemment recently.
Récepissé receipt.
Réception *(hôtel)* reception.
— *(fête)* party.
Receveur collector.
Recevoir (to) receive.
Rechange replacement.
Recharge refill.
Recharger (to) refill.
Réchaud cooker.
Recherche search.
Récipient container.
Réclamer (to) protest.
Recommandation
   recommendation.
Recommander (to)
   recommend.
Récompense prize, reward.
Reconnaissance recognition.
Reconnaître (to) recognize.

Rectangulaire rectangular.
Reçu receipt.
Recueillir (to) collect.
Réduction reduction.
Réel true, real.
Refuser (to) refuse.
Regard look, glance.
Regarder (to) look at.
Régime diet.
Région area.
Règle rule.
Règlement *(argent)* payment.
— *(loi)* rule.
Régler (to) pay.
Regret regret.
Regretter (to) regret.
Régulier regular.
Régulièrement regularly.
Reine queen.
Réjouir (se) (to) rejoice.
Relation relationship.
Relier (to) connect.
Religieuse nun.
Religion religion.
Remboursement repayment,
   refund.
Rembourser (to) refund.
Remède remedy.
Remerciement thanks.
Remercier (to) thank.
Remise remittance.
Remorquer (to) tow.
Remplacer (to) replace.
Remplir (to) fill.
Remuer (to) move.
Rencontrer (to) meet.
Rendez-vous meeting.
Rendre (to) return, (to) give
   back.
Renseignement information.
Renseigner (se) (to) find out.
Réparation repair.
Réparer (to) repair.

Répartition distribution.
Repas meal.
Repasser (to) iron.
Répéter (to) repeat.
Répondre (to) reply,
(to) answer.
Réponse reply, answer.
Repos rest.
Reposer (se) (to) relax.
Représentation representation.
Réserver (to) book,
(*US* : (to) reserve).
Résoudre (to) solve.
Respecter (to) respect.
Respirer (to) breathe.
Responsable responsible.
Restaurant restaurant.
Rester (to) stay, (to) remain.
Résultat result.
Retard delay.
Retarder (to) delay.
Retenir (to) detain.
Retour return.
Retourner (to) return.
Rêve dream.
Réveil awakening.
Réveiller (to) awake.
Revenir (to) come back,
(to) return.
Réviser (to) revise.
Revoir (to) reconsider.
Revue magazine.
Rez-de-chaussée ground floor
(*US* : first floor).
Rhume cold.
Rhumatisme rhumatism.
Riche rich.
Richesse wealth.
Rideau curtain.
Rien nothing.
Rire (to) laugh.
Rivière river.
Riz rice.

Robe dress.
Robinet tap (*US* : faucet).
Rocher rock.
Roi king.
Rond round.
Rond-point roundabout
(*US* : traffic-circle).
Rose rose.
Rôti roast.
Rôtir (to) roast.
Roue wheel.
Rouge red.
Rouler (to) roll.
Route road.
Royal royal.
Rue street, road.
Ruelle alley.
Ruisseau stream.
Rumeur rumour.
Rupture rupture.
Rusé sly.
Russe Russian.
Russie Russia.

S

Sa his, her, its.
Sable sand.
Sac bag.
Sachet sachet.
Saignement bleeding.
Saigner (to) bleed.
Saint saint.
Saisir (to) seize.
Saison season.
Salade salad.
Sale dirty.
Saleté dirt.
Salle room,
— **à manger** dining room,
— **d'attente** waiting room,

— **de bain** bathroom,
— **de concert** concert hall.
Salon drawing room, living room.
Saluer (to) hail.
Salut hello,
 (*US* : hi !).
Samedi Saturday.
Sandwich sandwich.
Sang blood.
Sans without.
Santé health.
Satisfait satisfied.
Sauf except.
Sauter (to) jump.
Sauvage wild.
Sauver (to) save.
Sauvetage life saving.
Savoir (to) know.
Savon soap.
Sec dry.
Sécher (to) dry.
Seconde second.
Secouer (to) shake.
Secourir (to) help.
Secours help.
Secret secret.
Secrétaire secretary.
Sécurité security.
Séjour stay.
Séjourner (to) stay.
Sel salt.
Semaine week.
Semelle sole.
Sens (*du corps*) sense,
— (*signification*) meaning,—
 uniqueone way.
Sentier path.
Sentiment feeling.
Sentir (to) feel.
Séparer (to) separate.
Septembre September.
Sermon sermon.

Serpent snake.
Serré tight.
Serrure lock.
Serveur waiter.
Service service.
Serviette towel.
Servir (to) serve.
Seul alone, single.
Seulement only.
Sexe sex.
Si if.
Siège seat.
Signal signal.
Signalement description.
Signaler (to) point out.
Signature signature.
Signe sign.
Signer (to) sign.
Signification signification, meaning.
Signifier (to) signify, (to) mean.
Silence silence.
Silencieux quiet.
Simple simple.
Sincère sincere.
Sinon otherwise.
Site site.
Situation situation.
Skier (to) ski.
Slip briefs.
Sobre sober.
Sœur sister.
Soie silk.
Soif thirst.
Soigner (to) heal.
Soin care.
Soir evening.
Soirée evening.
Sol floor.
Soldat soldier.
Soldes sales.
Soleil sun.

Solennel solemn.
Solide solid.
Sombre dark.
Somme sum.
Sommeil sleep.
Sommet summit.
Somnifère sleeping pill.
Son *(bruit)* sound.
— *(poss.)* his, her, its.
Sonnette bell.
Sorte kind.
Sortie exit, way out.
Sortir (to) go out.
Souci worry.
Soucieux worried.
Soudain *(adj.)* sudden.
Souffle breath.
Souffrir (to) suffer.
Soulever (to) lift.
Soupe soup.
Souper (to) dine.
Sourd deaf.
Souris mouse.
Sous under.
Sous-vêtement underwear.
Soutien support.
Souvenir souvenir.
Souvent often.
Spécial special.
Spectacle performance.
Spectateur spectator.
Spirituel spiritual.
Splendide splendid.
Sport sport.
Stade stadium.
Station station,
— **thermale** spa.
Stationnement parking.
Stationner (to) park.
Stop stop.
Stupide stupid.
Succès success.
Succursale branch.

Sucre sugar.
Sucré sweet.
Sud south.
— **-est** south-east.
— **-ouest** south-west.
Suffire (to) be sufficient.
  (**Ça suffit** that's enough).
Suite continuation.
Suivant next, following.
Suivre (to) follow.
Sujet subject.
Superflu unnecessary.
Supplément supplement.
Supporter (to) support,
  (to) bear.
Supposer (to) presume,
  (to) imagine.
Supposition supposition.
Suppression suppression.
Sur on.
Sûr sure.
Surcharge overload.
Sûrement surely.
Surprise surpise.
Surtaxe surcharge.
Surveillant supervisor.
Suspendre (to) hang.
Suspendu hanging.

T

Ta your.
Tabac tobacco.
Table table.
Tableau painting, picture.
Tabouret stool.
Tache spot.
Taché spotted.
Taille *(partie du corps)* waist,
— *(grandeur)* size.
Tailleur taylor.
Taire (se) (to) keep quiet.

Talon heel.
Tant que so long as.
Tante aunt.
Tard late.
Tarif fare, tariff.
Tasse cup.
Taureau bull.
Taux de change exchange rate.
Taxe tax.
Taxi taxi.
Teinte shade.
Teinture dye.
Teinturier dry-cleaner.
Tel such.
Télégramme telegram.
Télégraphier (to) telegraph.
Téléphone telephone.
Téléphoner (to) ring, (to) call, (to) phone.
Télévision television.
Témoignage testimony.
Témoin witness.
Température temperature.
Tempête storm.
Temps *(durée)* time,
— *(climat)* weather.
Tendre *(cœur)* tender.
Tendre (to) tighten.
Tenir (to) hold.
Tension pressure,
— **artérielle** blood pressure.
Tente tent.
Terminer (to) finish.
Terminus terminus.
Terrain de camping camping ground,
— **de jeux** playground.
Terre earth.
Terrible terrible.
Tête head.
Thé tea.
Thermomètre thermometer.

Timbre stamp.
Timide shy, timid.
Tir shooting.
Tire-bouchon corkscrew.
Tirer (to) pull.
Tiroir drawer.
Tissu fabric, material.
Toi you.
Toile canvas.
Toilettes toilet.
Toit roof.
Tomate tomato.
Tomber (to) fall.
Ton your.
Tonne ton.
Torchon cloth.
Tôt early.
Total total.
Toucher (to) touch.
Toujours always, ever.
Tour *(tournée)* tour,
— *(bâtiment)* tower.
Tourisme tourism.
Touriste tourist.
Tourner (to) turn.
Tout, toute, tous, toutes all.
Tout de suite at once.
Tout près near.
Toux cough.
Toxique toxic.
Traditionnel traditional.
Traduction translation.
Traduire (to) translate.
Train train.
Traitement treatment.
Trajet way.
Tranche slice.
Tranquille quiet.
Tranquillisant tranquillizer.
Transférer (to) transfer.
Transformateur transformer.
Transit transit.
Transmission transmission.

Transparent transparent.
Transpirer (to) sweat.
Transporter (to) transport, (to) carry.
Travail work.
Travailler (to) work.
Travers (à) through.
Traversée crossing.
Trempé soaked.
Très very, most.
Triangle triangle.
Tribunal court, tribunal.
Tribord starboard.
Troisième third.
Tromper (se) (to) make a mistake.
Trop too much, too many.
Trottoir pavement (*US* : sidewalk).
Trousse de toilette toilet bag, **— de secours** first aid box.
Trouver (to) find.
Tu you.
Tunnel tunnel.
Tuyau pipe, tube.
Typique typical.

U

Ulcère ulcer.
Un, une *(nombre)* one, **—** *(article)* a(n).
Uniforme uniform.
Unique unique.
Urgence emergency.
Urgent urgent.
Urine urine.
Usage use.
Usine factory, plant.
Ustensile ustensil.
Usuel usual.

Utile useful.
Utiliser (to) use.

V

Vacances holidays.
Vaccin vaccine.
Vaccination vaccination.
Vache cow.
Vague wave.
Vaisselle crockery.
Valable valid.
Valeur value.
Valide valid.
Validité validity.
Valise suitcase.
Vallée valley.
Valoir (to) be worth.
Vapeur vapour.
Varié varied.
Variété variety.
Veau calf.
Végétarien vegetarian.
Véhicule vehicle.
Velours velvet.
Vendeur salesman.
Vendre (to) sell.
Vendredi Friday.
Vendu sold.
Venir (to) come.
Vent wind.
Vente sale.
Ventilateur ventilator.
Ventre stomach.
Vérifier (to) check, (to) verify.
Vérité truth.
Verre glass.
Verrou lock.
Vers towards.
Vestiaire cloakroom.
Vêtements clothes.
Veuf widower.

Veuve widow.
Vexé upset.
Viande meat.
Vide empty.
Vider (to) empty.
Vieux old.
Vignoble vineyard.
Vigoureux vigorous.
Villa villa.
Village village.
Ville town.
Vin wine.
Vinaigre vinegar.
Virement transfer.
Virer (to) transfer.
Vis screw.
Visa visa.
Visage face.
Visibilité visibility.
Visible visible.
Visite visit.
Vite quick, quickly.
Vitesse speed.
Vitre window pane.
Vitrine shop window.
Vivant lively, alive.
Vivre (to) live.
Voie route.
Voir (to) see.
Voisin neighbour.
Voiture car,
  (*US :* automobile).
Voix voice.

Voler (to) steal.
Voleur thief, robber.
Volonté will.
Volontiers with pleasure.
Votre, vos your.
Vous you.
Voyage journey, trip.
Voyager (to) travel.
Voyageur traveller.
Vrai true, real.
Vraiment really.
Vue view.
Vulgaire vulgar.
Vulnérable vulnerable.

W

Wagon-lit sleeping car,
  pullman.
Wagon-restaurant dining car,
  (*US :* diner).

Y

Yacht yacht.

Z

Zéro zero.
Zone zone.

INDEX

Le
LIVRE
de
POCHE

MÉTHODE

90

l'anglais
d'aujourd'hui
en 90 leçons
et
en 90 jours

Les Langues
MODERNES

méthode **go** junior

anglais

Une
méthode
amusante
et vivante
pour les
6/11 ans

MY NAME
IS SHAPY !

Les Langues
MODERNES

Composition réalisée par C.M.L., Montrouge.

IMPRIMÉ EN FRANCE PAR BRODARD ET TAUPIN
Usine de La Flèche (Sarthe).
LIBRAIRIE GÉNÉRALE FRANÇAISE - 43, quai de Grenelle - 75015 Paris.
ISBN : 2 - 253 - 04451 - 2